FOREWORD | **前言** |

    思想政治教育课程（以下简称"思政课"）贯穿大中小学各学段，循序渐进地形成政治认知、思想道德和知识素养的有机融合，需要加强一体化建设。党中央对这项工作高度重视，统筹部署、精心组织、统一安排，为我们提供了实践遵循。习近平总书记在不同场合作出很多重要论述，是推进大中小学思政课一体化建设的强大思想武器。

    2022 年 4 月，习近平总书记在中国人民大学视察时指出，思政课的本质是讲道理。青少年思想政治教育是一个接续的过程，要针对青少年成长的不同阶段，有针对性地开展思想政治教育。思政课是学校落实立德树人根本任务的关键课程，对切实解决好青少年世界观、人生观、价值观这个"总开关"问题具有极其重要的意义。为了循序渐进、螺旋上升地开好思政课，就需要认真研究青少年不同成长阶段的需求，特别是他们的精神成长过程和特点，把"拔节孕穗期"具体化，为不同学段的思政课提供支持，从而增强思政课的科学性和针对性。这些重要的指示为思政课教师不断深化思政课教学改革指明了方向。

    在党中央高度重视推进大中小学思政课一体化建设的背景下，单元教学设计受到前所未有的关注，成为联动大中小学学段思政课教学的创新举措。单元不仅可以实现内容的重新整合与知识的重新梳理，而且可以成为大中小学思政课一体化推进的有效操作途径，其独立性、整合性和联通性的优势十分明显。

    回顾已有研究，我们发现，有关大中小学思政课单元教学设计的学术研究，还有待继续深入。其一，学界和一线教师对大中小学思政课一体化赋予单元的新性质和定位虽有一定的认知，但尚未进行全面深入的研究；其二，以单元为单位进行的一体化单元教学设计，相对于以教材或某一具体知识点的设计而言，需要更长的开发和研究时间;其三,新背景下的单元教学设计研究和实际操作,需要更庞大的横跨基础教育和高等教育各学段的教学功底、理论功底深厚的团队合作,而这一团队的搭建需要花很大的精力去创造各种支撑条件;其四,新背景下的单元教学设计不仅是实操型的教学和展演,更是学术意义上的理论研究和知识提升。从这四方面的要素看,目前有关大中小学思政课一体化单元教学设计方面的研究成果还显得很薄弱。正是基于这一目的,这套丛书力图在这一方面开展研究,以期推动这一主题的研究在理论和实践上不断深入。

大中小学思政课一体化赋予单元及其设计以新的定位和性质。大中小学思想政治学科涉及的模块多元,领域广泛,知识丰富,且必修、选修教材数量众多;加之,2022年是上海启用新课程新教材(简称"双新")命题和考试的第一年。这些结构性因素,不仅给"双新"的推进提出了新要求,而且也给一线教师的教学带来了前所未有的新挑战。如何以单元为支点推进一体化建设,实现"双新"目标,有机地联动教与考,成为大中小学思政课面临的首要问题。从这个方面来讲,具有灵活性和聚焦性的单元而非教材,成为新背景下推进大中小学思政课一体化的基本单位。相较于教材和课时而言,单元从联动教材和课时的战术性存在成为撬动大中小学思政课一体化和"双新"的战略性存在。单元不仅可以实现内容的重新整合与知识的重新梳理,而且可以成为大中小学思政课一体化推进的可操作性单位,还可以联动大中小学段的知识链条。

这套丛书从单元的一体化教学设计的角度,对大中小学思政课一体化进行了具有理论和实践意义的研究。2018年和2021年,杨浦区先后参与思想政治统编教材(全7册)和《习近平新时代中国特色社会主义思想学生读本》试教试用,率先投入新教材和读本使用工作。2020年,杨浦区成为上海市唯一的普通高中新课程新教材实施国家级示范区,在大中小学思政课一体化建设方面有很好的基础,有很好的经验,有很好的发展。杨浦区以高中思想政治学科为"龙头关键",一手抓"大中小学一体化",一手抓"学科融合一体化",破界到边,跨段到底,推出了一大批体现一体化和"双新"理念的好课金课。在国家级和市区级展示交流活动中,杨浦区先行先试形成的一些举措、做法和经验,为上海市探索出了一条可资借鉴的路子。

这套"大中小学思政课一体化背景下的单元设计研究"丛书在老师们和出版

社领导、编辑的共同努力下问世了,是一件可喜可贺的事情。该丛书由 9 本著作构成。《"双新"背景下高中思想政治学科单元设计指南》一书是丛书的理论研究成果,该成果从高中思想政治学科自身禀赋出发,对单元设计的诸多方面进行了理论分析和学术研究,提出了具有一般化指导意义的理论观点和实操型方法。其余 8 本著作,分别对高中思想政治统编教材(全 7 册)和《习近平新时代中国特色社会主义思想学生读本》进行了具有可操作性的方法和实践指导意义的具体研究。9 本著作既有学术化的理论研究,又有科学化的方法呈现,还有实操型的具体案例,为理论与实践相结合的单元教学设计提供了富有启迪的参考。

齐卫平

华东师范大学终身教授　博士生导师

2022 年 8 月

CONTENTS | 目录 |

第一章

"双新"与单元：单元教学设计概论

第一节 "双新"与单元：从要素性到战略性的转型

一、传统意义上的单元：组成教学设计的基础性要素

单元,从词义上讲,意为相对独立而自成系统的组成部分,既可以是不能再分的个体,又可以是紧密联系的组合体。从建筑形式到生产方式,单元的概念被运用于生活中的各个领域,引申至教学领域的单元,我们通常在前冠以"教学"二字,从而与其他形式的单元进行区分。

《教育大辞典》指出,教学单元是教材和教学活动的基本单位,分为经验单元和教材单元。前者依据儿童的思维结构和过程,对应儿童形成概念的思维活动的段落,把教学内容划分成相对独立的各个部分;后者依据学科知识的逻辑体系,把同质性或具有内在联系性的部分组织在一起。在综合课程中,教材单元往往包含几门学科的、彼此有内在联系的知识。在活动课程和核心课程中,教学的基本单位是经验单元,由各种相关的学习经验组成。[1]

吕世虎认为,对单元的理解不应局限于教材的编排,而要根据课程内容相互关联的结构性,将其统筹重组,优化为相对独立的教学大单元。[2] 钟启泉认为,单元是基于一定目标与主题所构成的教材与经验的有机模块、单位。[3] 崔允漷认为,教科书中多篇文章、多个知识点组合起来的单元仅仅是内容单位而非学习单位,真正的单元须由一个完整的大任务驱动,要组织成一个围绕目标、内容、实施与评价的完整的学习事件。[4]

---

[1] 参见顾明远.教育大辞典[M].上海教育出版社,1998.
[2] 吕世虎,杨婷,吴振英.数学单元教学设计的内涵、特征以及基本操作步骤[J].当代教育与文化,2016,19(4).
[3] 钟启泉.学会单元设计[J].新教育,2017(14).
[4] 崔允漷.如何开展指向学科核心素养的大单元设计[J].北京教育(普教版),2019(2).

综上所述,学界对什么是真正的单元还是有着较为一致的观点,即单元是在某一目的或某一主题的统摄下纵观全局,根据教学内容的内在联系性,由教材和经验重组而成的有机模块和基本单位。这一定义自然地流露出对狭隘的单元定义的批驳——单元设计需要教师有效发挥主观能动性,将教材与活动相结合,构成完整的学习过程,而不是唯课本论、唯教材论,机械化、简单化地根据教材编排的顺序向学生灌输知识点。

二、"双新"背景下的单元:具有战略性的独立单位

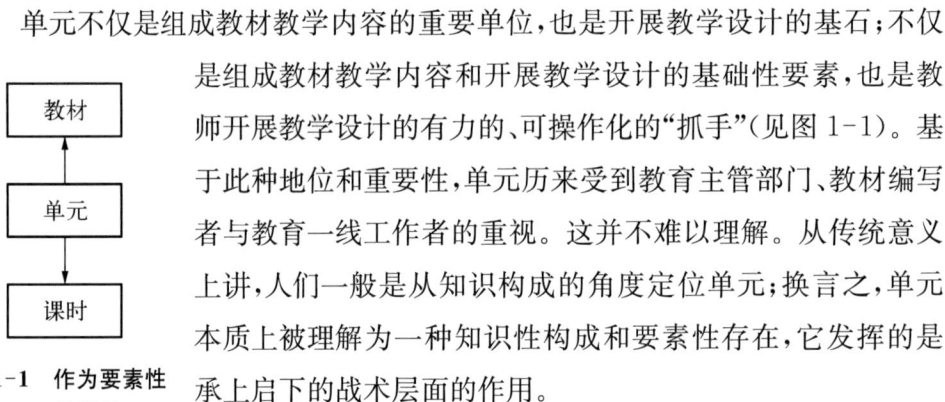

单元不仅是组成教材教学内容的重要单位,也是开展教学设计的基石;不仅是组成教材教学内容和开展教学设计的基础性要素,也是教师开展教学设计的有力的、可操作化的"抓手"(见图1-1)。基于此种地位和重要性,单元历来受到教育主管部门、教材编写者与教育一线工作者的重视。这并不难以理解。从传统意义上讲,人们一般是从知识构成的角度定位单元;换言之,单元本质上被理解为一种知识性构成和要素性存在,它发挥的是承上启下的战术层面的作用。

图 1-1 作为要素性的单元

此种对单元的重视程度,在教育部统筹实施普通高中新课程新教材(简称"双新")的背景下,更是无以复加。其中一个比较重要的因素是:单元不仅具有一般的整体性特征,而且具有分立的要素性特征,它既可以撬动教材的整体性框架,又可以化解为可操作化并易于掌握的课时。由此,单元被重新提起并备受重视,从而成为"双新"工作实施的重要组成部分和有力抓手。从这个特定意义上讲,单元而非别的单位或要素,成为"双新"实施的助力和推手。

在此种背景下,单元教学设计的概念、理论,更重要的是实务操作,重新登上教学舞台中心,并在开展得如火如荼的各项"教学比武"活动中扮演着重要角色。这昭示着在"双新"背景下,在追求培育学科核心素养的新环境里,单元教学逐渐被提起且终将成为学科教育的重要抓手和潮流。然而,应试教育下长期存在的碎片化、功利主义、课时主义教学症结,并非一朝一夕可以改变。这不是将过去教学内容和教学形式的"旧酒"装入"双新"背景下的单元教学设计的"新瓶"就可以解决的。从这

个意义上讲,"双新"与单元之间的关系,并非简单的机械相加,而是有机的复合化效应。因此,"双新"与单元的复合化效应要求教师必须在单元教学设计上进行创新化劳动,这不仅考验教师的教学基本功,而且考验教师的创新性。总之,在"双新"背景下单元不再仅作为知识性、要素性的战术性存在,而是作为具有整体性复合作用的连接教师、学生、课程标准(简称"课标")、教材内容、课时和考试等诸种要素在内的战略性存在。或者我们换一种表述来描述"双新"背景下的单元与单元设计,即单元不再仅是作为一种知识性的组成部分和教学设计的抓手而存在,而是作为一种连接各主客体要素的推动新教材实施和新课程开展的体系而存在。或者我们再简约一点表述,即传统意义上的单元是作为教材整体内容和课时之间的中间单位而存在,"双新"背景下的单元转型成为推动新教材和新课程的战略单位而存在;传统意义上的单元是教材整体内容的一个组成部分,是战术性元素,"双新"背景下的单元成为可以独立存在的战略性单位(见图 1-2)。

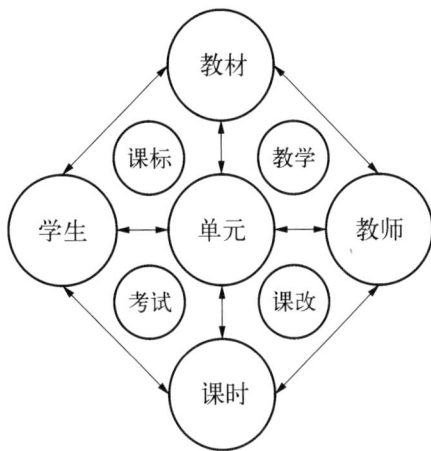

图 1-2 作为战略性的单元

在具体阐释单元教学设计的方法论之前,我们有必要对"双新"背景下单元的性质进行详尽论述,以明确我们为什么认为单元发生了这种较大的,甚至从一定意义上讲,是具有本质性变化的转型。换言之,我们要明确"双新"背景下的单元性质及其重要性。

根据《普通高中思想政治课程标准》(2017 年版 2020 年修订)(简称"新课标"),我国普通高中教育旨在促进"学生全面而有个性的发展",各学科要建立起核心素养与课程教学的内在联系。课程内容无疑是蕴含着核心素养的,课程的编排也无疑遵循着学科知识体系的逻辑,但这并不意味着将每一章节的内容按部就班地进行传授,便能使学生在阅读、理解、背诵、练习与评价的标准程序中将核心素养学深悟透,继而内化于心,外化于行。新课标中提道:"本课程力求构建学科逻辑与实践逻辑、理论知识与生活关切相结合的活动型学科课程。学科内容采取思维活动和社会实践活动等方式呈现,即通过一系列活动及其结构化设计,实现'课程内容活动化''活动内容课程化'。"这一要求与时俱进,无疑从课程标准上倒逼教学形式的变革,使单元在教学设计中的重要地位得以凸显,使单元从要素的依附性存在上升为单位的独立性存在。当然这是韦伯意义上的理想类型。

三、元概念:赋予单元新的性质

上述论述启发我们,在"双新"背景下,单元不仅是教学设计的基础性组成部分,而且是撬动新教材和新课程的战略单位。以教材编排顺序为基础的狭义单元固然遵循学科知识体系的基本逻辑,但其本质上只是以理想意义上的认知规律的由浅入深为导向,却无法将各章节之间并列、递进、对照、总分等复杂关系实现连接式整合并传授。加之,在具体情境下,章与节之间的内在联系是明晰的,呈现出整体与部分之间的科学化逻辑和内容间的合分,但是章与章之间究竟是何种联系或关系,其关系构成的机制是什么,这些机制得以运行或成立的内在政治学原理为何,这很难通过传统的单元设计或课时教学的方式传达给学生,甚至从一定意义上讲,教师在"双新"背景下也难以把握个中真谛。基于此,单元便成为"双新"的战略性单位,既可以作为要素,也可以作为单位,从而发挥更加复合性、体系性和战略性的作用。

以"大概念"①(以下称为"元概念")为核心的教学内容设计,呼应了"双新"背景下的单元的性质转型。《普通高中课程方案》(2017 年版)首次提出:"以学科大概念为核心,使课程内容结构化,促进学科核心素养的落实。"新课标对此进行了进一步的修订,重新表述为:"重视以学科大概念为核心,使课程内容结构化,以主题为引领,使课程内容情境化,促进学科核心素养的落实。"修订后的版本,不仅继承了最初版本的"元概念—课程内容—核心素养"的粗线条(见图 1-3),而且在此基础上,将这一相对来讲较短的链条进一步延伸和细化为:"元概念—课程内容(结构)—主题—课程内容(情景)—核心素养(见图 1-4)。"

元概念 ———— 课程内容 ———— 核心素养

图 1-3 元概念与单元性质重塑(2017 版)

---

① 从学术意义上讲,"大概念"的表述并不严谨,更严谨的学术表达应为"元概念"(meta-concept)。

元概念	课程内容 (结构)	主题	课程内容 (情景)	核心素养

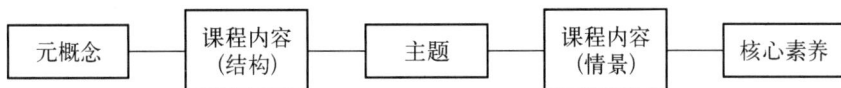

图 1-4 元概念与单元性质重塑(2020版)

从两者的对比中我们得知,第一,两者的共同点在于,整体的学科内容是以元概念为"火车头"做牵引而编纂教材的,并使之呈现出具有内在关联性的结构。我们先不论这种结构是不是科学合理,但有一点我们必须明确,即元概念是学科内容从散沙式的知识点,向具有框架和层次的结构转化的关键性节点。正是这一节点的存在,才使学科核心素养的落实,具备条件并成为可能。换言之,元概念发挥了单元的作用,但又赋予单元新的定位,即元概念(单元)是学科内容的"龙头"。第二,两者的相异之处在于,修订版进一步细化和延伸了原初版本的链条。元概念所发挥的作用不再仅局限于使学科内容结构化,而进一步在其指引下使结构化的内容转化为学生利于理解、教师善于教授的主题,发挥其使学科内容情景化的作用,进而使结构不再是冷冰冰的宏大叙事,而是具有贴近学生和时代特征的温情脉脉的微叙事和个体叙事。这就将作为"龙头"的元概念(单元)进一步细化,成为可以操作化的手段或工具,使其与具体的时代、具体的社会、具体的学生、具体的知识点相衔接,使其成为有血有肉的节点。在这个意义上,我们可以说原初版本的元概念(单元)是龙头,体现的是价值理性,修订版本的元概念(单元)是龙爪,体现的是工具理性。从一定意义上讲,单元在传统上作为学科内容基础性组成要素的性质上,叠加了具有引领作用和战略定位的单位的性质,完成了"双新"所需要的对单元的定位和转型。

这种经过"双新""改造"后的单元,具有自身的性质。居于元概念、大主题、大目标统摄下重新组合的广义单元,是教材单元与经验单元、要素单元与单位单元、价值单元与工具单元的结合体,不仅具有统领作用,而且具有相当的灵活性,能够针对具体学情定向调整。它既能够作为战略指导而成为独立的单位,还可以以不同的索引指标重构知识框架,使学生在连续的时间内完整地领悟某一方面的知识和技能,又能借助学生的学习经验,引入适当的单元教学活动与教学作业,使普通高中思政课程的实施水平在丰富生动的教育教学实践中不断提升,从而真正撬动"双新"的落实。

第二节 内容与框架：单元教学
设计的核心关注点

在以上论述的基础上，我们认为"双新"背景下单元教学设计需要重视内容与
框架，这是单元教学设计的核心关注点。换言之，我们可以主要从内容和框架两
方面，对单元教学进行设计，使其发挥撬动"双新"实施的作用。

一、"双新"背景下单元教学设计的内容

在"双新"背景下，单元教学设计的内容，应在传统的基础上更加重视单元教
学活动和单元教学作业。① 由此，我们对单元教学设计内容的论述主要集中于单
元教学活动和单元教学作业两大部分。

以单元教学的活动形式为划分标准，单元教学活动主要分为以下七种类型，
见表1-1。

表1-1 单元教学活动的类型

活 动 名 称	活 动 内 容	活 动 特 色
文创设计型活动	教师给定主题，组织学生结合课程内容自主或团队合作设计文创作品或产品，如黑板报、手抄报、书签、提案等	文创设计型活动发挥红色资源优势，将德育与美育相结合，融课程内容于动手实践，能够使学生在生动活泼的创作过程中增进对思政课程的兴趣和认同，同时启发学生的创新思维、提升学生的审美涵养、加强学生的团队合作能力与劳动能力
案例分析型活动	教师结合时政热点，设计结构化案例，给出指向明确、层次分明的思考问题，引导学生对案例进行分析、讨论、评价、总结	案例分析型活动兼具真实性与创新性，既能贴合实际，让学生在分析评述社会时事的过程中锻炼公共参与能力，形成学科核心素养；又能根据单元教学的需

---

① 关于两者的详尽叙述，请见本书专门章节。

续　表

活动名称	活动内容	活动特色
		求灵活设置虚拟情景,点燃学生思维碰撞的火花,运用所学知识,对所给案例形成有深度的理解
文本研读型活动	教师根据教学需要选取社会科学著作、党中央重要讲话精神等安排学生自行研读,在课堂上组织学生交流读书心得,共同讨论从而解决研读过程中产生的问题,课后形成读书报告	文本研读型活动是对单元教学内容的拓展延伸,为学生提供理论和政策前瞻,形成对经典文本的创新性理解,在感悟思想伟力的同时深化对课本内容的认识,为学生进一步回应现实问题提供学术支撑
议题评析型活动	教师基于单元内容提出综合性、开放性、引导性的议题,由学生自选角度进行分析,并形成课堂展示,引入提问和辩论,最后教师进行评价	议题评析型活动将静态的学习、思考与动态的展示、辩论相结合,能够使学生在论辩中区分真伪,深入挖掘议题背后存在的主次矛盾和现实意义,在对分歧的解构中正本清源、确立共识
情景模拟型活动	教师结合课程进度或某个议题,策划班级层面的模拟人大、模拟政协、模拟联合国、模拟法庭、辩论赛等活动	情景模拟型活动尤为突出学生的主体性参与,能够使学生在生动的场景中产生情感共鸣,聚焦现实问题,对政治体制、政治制度形成更具体的感知
知识竞赛型活动	开展班级、年级、校级等不同规模的政治知识、时政知识竞赛,并进行相应的评比和奖励	知识竞赛型活动融知识性、竞争性、趣味性于一体,兼顾个人抢答与团队合作,并设置科学的奖励机制,能够有效调动学生的积极性,丰富学习生活与学科参与
社会实践型活动	利用周末或小长假、寒暑假等空闲时间,组织学生走出校门,进行志愿服务、红色景点寻访、课题调研等不同类型的社会实践活动	社会实践型活动能够将思政小课堂与社会大课堂相结合,使学生在社会化过程中进行实地观察、分析,锤炼其品德修为、树立其爱国情怀、夯实其学业基础

　　按照驱动要素为标准进行划分,单元教学作业主要分为以下四种类型,见表1-2。

表1-2　单元教学作业的类型

设计原则	概念解读	目标指向
理念驱动型	坚持价值和理念引领,将正确的教育理念、价值观和情感态度融入作业设计中	立德树人,以德化人,引导学生形成科学的价值判断,发展健全的价值体系,构建作业设计中"教学交融"的师生共同体
课标驱动型	坚决落实课程标准要求,对学生阶段性的学习进行有深度、有广度、针对性强的考察	对学生的学习反馈进行规范化引导,培养学生形成完善的知识体系和能力体系
实践驱动型	坚持一切从实践出发,结合具体教情、学情,以问题促进实践,以实践化解问题	教师针对性地解决学生学习过程中的真问题、新问题,通过深化实践引导学生二次学习、反思,形成有深度的可持续过程
学生驱动型	坚持以学生为导向,高扬学生的主体性,个性化作业设计贴合学生个人禀赋与学习情况	持续累积正面反馈,逐步确立挑战性目标,充分调动学生学习的积极性,实现每位学生的个性化发展,形成核心竞争力,实现自我价值

二、"双新"背景下单元教学设计的框架

从一定意义上讲,单元教学设计的框架具有稳固性。虽然"双新"要求其不能局限于原来的设计框架,但是现有的制度和规则安排无法遽然使其发生全新的变革。因此,若制定单元教学设计的基本框架,还是需要遵循传统的路径,即单元教学设计说明、单元目标与重点难点、单元整体教学思路三种基本要素(见表1-3)。但是,我们可以根据"双新"要求和学生特点,对其局部组成内容进行"创造性转化",在既有结构不变的前提下,进行部分的革新。我们有理由认为重点难点是需要发生变革的对象,原因在于其不仅重要而且具有可操作化的可能。

第一,单元教学设计说明提供的是整个设计框架中作为基础的、最具前提性的部分。一方面,教师需要简述本单元学习对学生核心素养发展的价值,贯彻落实新课标中对学科核心素养的强调;另一方面,教师需要说明教学设计与实践的理论基础,以此证明本单元教学的可操作性。

表1-3 单元教学设计框架

单 元 教 学 设 计	
单元名称	
1. **单元教学设计说明**（依据课程标准的要求，简述本单元学习对学生核心素养发展的价值；简要说明教学设计与实践的理论基础）	
2. **单元目标与重点难点**（根据课程标准和学生实际，指向学科核心内容、学科思想方法、核心素养的落实，设计单元学习目标，明确重点和难点）	
3. **单元整体教学思路**（介绍单元整体教学实施的思路，包括课时安排、教与学活动规则，以结构图等形式整体呈现单元内的课时安排及课时之间的关联等）	

第二，单元目标与重点难点提供的是整个设计框架中的主体性内容，即以简明扼要的语言提炼出"哪些要学、哪些难学、哪些重点学"，明确本单元教学的主次矛盾和矛盾的主次方面。

第三，单元整体教学思路提供的是整个设计框架中最具建构性和实操性的部分，教师需要介绍单元整体教学实施的思路，包括课时安排、教与学活动规则，以结构图等形式整体呈现单元内的课时安排及课时之间的关联等，它最能体现出单元所具备的内在联系性。

第三节 原则：单元教学设计的方法论

"双新"背景下单元教学设计的原则是单元教学设计的方法论。一般来讲，它包含以下五个方面。

一、 依据课程标准

课程标准代表着国家意志在教育领域的体现,是"既符合我国实际情况,又具有国际视野的纲领性教学文件"①,课程标准的不断修订也体现出我国教育事业不断发展、不断完善的必然要求。

新课标强调,思想政治课程的课程目标是:"通过思想政治课程学习,学生能够具有思想政治学科核心素养。"新课标也明确指出,高中思政课程设计的首要依据是:"聚焦思想政治学科核心素养,讲述马克思主义基本原理,紧跟实践基础上的理论创新进程,阐明习近平新时代中国特色社会主义思想,落实立德树人根本任务,全面加强爱国主义、集体主义、社会主义教育,体现思想政治课程的性质与理念。"

句句不离"素养",字字都是"育人"。"双新"背景之下,政策在变,环境在变,单元本身的性质也在变化,教育者作为推进广大基层教育事业的主体,焉能不与时俱进? 顺应政策指引的风向,把握教育事业的脉搏,这就要求单元教学设计必须以严格遵循最新的课程标准为原则,将贯彻国家教育方略作为单元教学设计的思维基础,在宏观的教育理念之下把握微观的单元价值,使单元教学设计从结构、内容、实操上"有根可循"。

二、 强调单元整体性

单元作为在某一目的或某一主题的统摄下纵观全局,根据教学内容的内在联系性,由教材和经验重组而成的有机模块和基本单位,从自身性质上昭示出其必须具有鲜明的整体性。

首先,在大单元统摄下选取并组合的教材内容不应是"拼贴画",而应当是知识点有条理、有组织地有序展开,学生能够在单元学习中对统领性的目的或主题有深入、全面的了解。

其次,单元教学活动和单元教学作业应当配套,兼顾具体教学情境、教学安

---

① 中华人民共和国教育部.普通高中思想政治课程标准(2017 年版 2020 年修订)[M].人民教育出版社,2020:2.

排,围绕整个单元设计展开,要在时间和内容上具有连贯性、整体性。例如,考虑到人类大脑遗忘事物的规律,单元教学活动的"战线"绝不能拉得太长,甚至拖到下个单元再去解决——脱离时效性的教学自然不具有整体性。

三、以学生为中心

2019年3月18日,习近平总书记在学校思想政治理论课教师座谈会上回应了"培养什么人"的问题,他强调:"我们培养人的目标是什么要搞清楚,现在非常明确坚定地提出要培养社会主义建设者和接班人。"教师是设计单元教学的主体,然而必须考虑到学生才是接受教育的主体,是教育之所以必须存续并不断发展的目的。因此,单元教学设计绝不能脱离学生存在,而要强化学生的主体性,以学生为中心,这一设计原则应当细化为两个方面。

第一,设计方法上,要贴近学生禀赋和需求。每个学生的禀赋不同,具体学情不同,在高一到高三不同的学习阶段也有不同的需求。因此,教学方案要避免模式化套用,可以设计不同方案、不同路径,供学生自主选择,以自身能力、兴趣为轴心,多元发展。

第二,设计目标上,要培育学生的学科核心素养。新课标指出,思想政治学科核心素养,主要包括政治认同、科学精神、法治意识和公共参与。因此,在单元教学设计中,一定要以核心素养为上位,不能忘记教育者应当"培育什么人",让学生在深刻理解知识点的基础上,灵活、主动、创造性地改造客观世界。换句话说,不能为了创新就脱离事实,过分引申教学内容;更不能为了活跃课堂气氛,对教学内容进行低俗解读,要时刻以核心素养为导向。

四、突出重点难点

在"双新"背景下,尽管新课本教材接受度较高,但由于教学经验较少,任务布置部分落后,依然对有效授课构成了阻碍。因此,单元教学设计需要突出重点难点,抓住教学的主要矛盾,促进教学的高效、高质跃升。

在单元教学模式下,对联结性知识理解能力的考察应当被强调,比较艰深的内容,可以通过介入真实案例、真实情景,由浅入深、循序渐进地提及,适时地反复强调,让学生触类旁通,融贯性地理解。

另外,评价性任务的布置应当跟进,要加强师生的开放性沟通,确保教师理解的重点、难点和学生真实遇到的重点、难点高度一致,以免做无用功。

五、单元与课时的科学安排

虽然单元教学的介入从本质上有效减少了课时主义带来的影响,但不得不承认的是,课时依然是应试教育下绕不开的时间单位。因此,单元教学设计依然要坚持以单元与课时的科学安排为原则,提高教学的可操作性。

单元与单元之间的安排需要科学化。一方面,单元与单元之间要构成一定联系,要符合学生认识事物的基本规律,由浅入深;另一方面,单元之间的内容可以对交叉难点重复强调,但同质化内容不能过多,避免学生产生混淆。

在同一单元内部,课时之间的安排需要科学化。教师应当对教学内容有充分的了解,并根据不同的重点难点,结合教学要求与进程合理预估时间,避免虎头蛇尾,造成个别知识点的"消化不良"。

第四节　单元教学设计示例

"双新"对单元设计提出更高的要求。以下,我们以普通高中思想政治必修 4《哲学与文化》的第一单元为例①,为大家呈现符合"双新"对单元重新定位下的单元设计的整体流程和具体细节。

一、新课标　新教材

1. 课程标准要求

本单元是必修 4《哲学与文化》的第一单元《探索世界与把握规律》,以哲学的

① 本单元教学设计案例由上海杨浦高中李伟纳老师提供,在此谨表感谢,然而文责自负。

内涵和作用为起点,系统讲述马克思主义哲学的基本原理、思想精髓、历史地位和重要意义,阐明马克思主义哲学是科学的世界观和方法论。

本单元教学的基本内容包括:哲学思维与日常思维的异同;哲学是时代精神的精华;马克思主义哲学是科学的世界观和方法论;思维与存在的关系;世界的统一性在于它的物质性;无神论立场;坚持一切从实际出发、实事求是;世界是普遍联系、永恒运动的;全面地、发展地看问题的意义;运用矛盾分析法观察和处理问题。

通过本单元的学习,学生能够结合课堂内外各类社会实践活动,了解马克思主义哲学的基本原理;运用辩证唯物主义和历史唯物主义观点认识自然界、人类社会、人类思维,确信实践是检验真理的唯一标准。

2. 教学内容解读

第一单元围绕探索世界与把握规律这一主题,围绕"时代精神的精华""探究世界的本质""把握世界的规律"以及"坚持唯物辩证法 反对形而上学"等内容开展教学活动。引导学生以"哲学有什么用?""为什么要具体问题具体分析?""为什么要一切以时间、地点、条件为转移?"等议题开展探究学习。

本单元教学建议安排 8—10 课时,其中综合探究建议安排 1—2 课时。

依据《上海市普通高中思想政治学科教学基本要求》(简称《教学基本要求》),结合区域学情教情,制定本单元内容具体要求如下表所示。

表 1-4 单元教学设计示例

内 容 要 求	标 引	具体要求列举
4.1 比较哲学思维与日常思维的异同;理解哲学是时代精神的精华,阐明马克思主义哲学是科学的世界观和方法论	4.1.1.1	比较哲学思维与日常思维的异同
	4.1.1.2	理解哲学智慧与人类实践的内在关系
	4.1.2.1	了解哲学的含义
	4.1.2.2	把握哲学是时代精神的精华的科学内涵
	4.1.3.1	了解马克思主义哲学产生的历史必然性,理解马克思主义哲学的基本特征和历史使命
	4.1.3.2	领悟马克思主义哲学在人类思想史上的重要地位和作用

续　表

内　容　要　求	标　　引	具体要求列举
4.2 说明思维和存在的关系问题，阐释世界的统一性在于它的物质性；表达无神论立场；表明坚持一切从实际出发、实事求是的态度	4.2.1.1	思考哲学的基本问题与生活息息相关
	4.2.1.2	揭示哲学把握世界的独特方式
	4.2.2.1	归纳自然界和人类社会的物质性
	4.2.2.2	揭示意识是物质世界长期发展的产物
	4.2.3.1	解释一切从实际出发，实事求是
	4.2.3.2	领悟从实际出发，认识和解决具体问题的意义
4.3 描述世界是普遍联系、永恒运动的，领会全面地、发展地看问题的意义，学会运用矛盾分析法观察和处理问题	4.3.1.1	描述普遍联系和永恒运动的世界
	4.3.1.2	总结联系的特征和发展的实质
	4.3.2.1	探寻如何全面地、发展地看问题
	4.3.2.2	领悟全面地、发展地看问题的意义
	4.3.3.1	理解矛盾分析法
	4.3.3.2	运用矛盾分析法处理现实问题
综合探究	4.1.1	掌握唯物辩证法的基本观点
	4.1.2	了解形而上学认识方法的局限
	4.1.3	明确唯物辩证法与形而上学之间的根本对立

二、新教法　新思路

1. 单元结构图示

依据普通高中思想政治必修 4《哲学与文化》教科书，结合区域学情教情，制作本单元结构图示如下。

```
                                                    ┌─ 哲学的起源
                                    ┌─ 追求智慧的学问 ┼─ 哲学是系统化理论化的世界观
                                    │                └─ 哲学是对自然、社会和思维知
                                    │                   识的概括和总结
                                    │                ┌─ 什么是哲学的基本问题
                    ┌─ 时代精神的精华 ┼─ 哲学的基本问题 ┼─ 为什么思维和存在的关系问题
                    │                │                │  是哲学的基本问题
                    │                │                └─ 唯心主义和唯物主义
                    │                │                ┌─ 马克思主义哲学的历史使命
                    │                └─ 科学的世界观和方 ┼─ 马克思主义哲学的基本特征
                    │                   法论           └─ 马克思主义中国化的重大理论
                    │                                    成果
                    │                                ┌─ 自然界的物质性
                    │                ┌─ 世界的物质性   ┼─ 人类社会的物质性
 探                 │                │                └─ 意识是物质世界长期发展的产物
 索                 ┼─ 探究世界的本质 ┤                ┌─ 规律是客观的
 世                 │                └─ 运动的规律性   ┼─ 正确发挥主观能动性
 界                 │                                 └─ 一切从实际出发，实事求是
 与                 │                                ┌─ 联系的普遍性、客观性与多样性
 把                 │                ┌─ 世界是普遍联系的┴─ 用联系的观点看问题
 握                 │                │                ┌─ 唯物辩证法的发展观
 规                 ┼─ 把握世界的规律 ┼─ 世界是永恒发展的┴─ 用发展的观点看问题
 律                 │                │                ┌─ 事物发展的源泉和动力
                    │                └─ 唯物辩证法的实质┼─ 矛盾问题的精髓
                    │                   与核心         └─ 用对立统一的观点看问题
                    └─ 综合探究：坚持唯物辩证法 反对形而上学
```

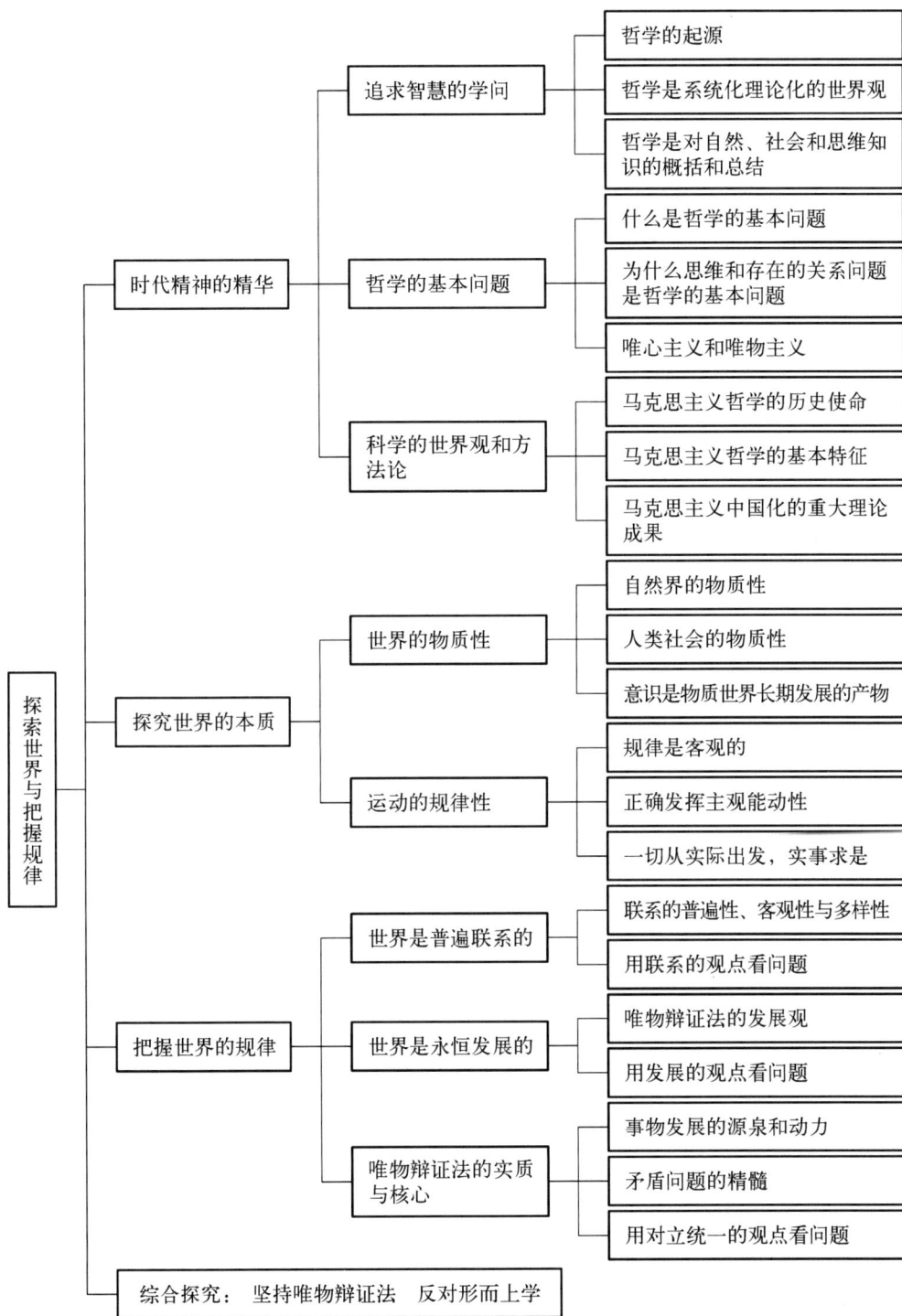

图 1-5 《探索世界与把握规律》框架图示

2. 栏目教学建议

依据普通高中思想政治必修 4《哲学与文化》教师教学用书,结合区域学情教情,制定本单元栏目教学建议如下表所示。

表 1-5　《追求智慧的学问》教学建议

课题	框题	教材页码	栏目类型	栏目主题	教 学 建 议
第一课 时代精神 的精华	第一框 追求智慧 的学问	第 2 页	阅读与思考	哲学家谈 哲学	1. 教师推荐罗素《西方哲学史》、艾思奇《大众哲学》等课外读物,引导学生了解哲学的内涵及发展史 2. 学生介绍自己所了解的哲学家,围绕问题分享自己对哲学的理解
		第 3 页	相关链接	中西方关于 "哲"和"哲学"的理解	介绍中西方不同时期的重要哲学家,以及他们阐述哲学概念的相关文献,通过词源释义,让学生明白为什么哲学是一门智慧之学
		第 3 页	阅读与思考	好奇心是引发哲学思考的重要原因	学生分享自己因好奇而提出的问题,教师加以引导,并上升到哲学高度,体会哲学与生活的关系
		第 4 页	相关链接	真正的哲学是时代精神的精华	引导学生深刻体会"真正的哲学"的含义
		第 4 页	阅读与思考	哲学如何把握世界	教师引导学生通过对常识、神话、科学三种把握世界的具体方式的比较分析,领会哲学把握世界的独特方式,正确理解哲学与世界观的内在关系
		第 5 页	相关链接	什么是世界观	引导学生阅读教材提供的相关论述,就"什么是世界观"展开讨论,并分享自己的世界观

续　表

课题	框题	教材页码	栏目类型	栏目主题	教 学 建 议
第一课 时代精神 的精华	第一框 追求智慧 的学问	第6页	阅读与思考	世界观的 作用	列举正反两方面的事例，阐述不同世界观、人生观对人的行为的影响，深入讲授世界观和方法论的关系，引导学生树立积极向上的世界观、人生观、价值观
		第6页	阅读与思考	哲学是对具体知识的概括抽象	深入阐明"器"与"道"、"形而上"与"形而下"、"具体经验"与"最高本体"之间的关系，使学生体悟哲学思维的特点
		第7页	阅读与思考	哲学与具体科学的辩证关系	课前推荐学生阅读恩格斯《自然辩证法》《路德维希·费尔巴哈和德国古典哲学的终结》，学生准备古代、近代和现代三个阶段哲学与科学的关系的材料，展开深入讨论

表 1-6　《哲学的基本问题》教学建议

课题	框题	教材页码	栏目类型	栏目主题	教 学 建 议
第一课 时代精神 的精华	第二框 哲学的基 本问题	第8页	阅读与思考	哲学的基本问题是什么	在课前预习中，引导学生带着"什么问题是贯穿哲学发展始终的基本问题"学习本课内容，学生分享自己对哲学及其研究对象的认识
		第8页	相关链接	哲学基本问题表达方式的差异性	补充阐释中西方哲学的不同传统，学生充分讨论哲学基本问题在不同语境中的不同表达方式，体会无论何种理论形态和观点，都无法绕开哲学的基本问题

续　表

课题	框题	教材页码	栏目类型	栏目主题	教　学　建　议
第一课 时代精神 的精华	第二框 哲学的基 本问题	第9页	阅读与思考	思维与存在 的关系问题 是每个人都 要面对的 问题	引导学生围绕学习计划和 学习实际的关系,在分享经 验的过程中,使学生认识到 无论是认识世界还是改造 世界,说到底都是要解决思 维和存在的关系问题
		第9页	阅读与思考	什么是唯物 主义和唯心 主义	引导学生围绕唯物主义和 唯心主义的划分标准自主 发言,及时纠正可能出现 的认识偏差或错误
		第10页	相关链接	二元论注定 行不通	补充介绍哲学史上曾出现 过的二元论,并甄别二元 论的错误
		第10页	相关链接	唯物主义的 三种基本 形态	引导学生阅读唯物主义发 展历程的材料,教师运用 中西方典型案例,深入诠 释唯物主义不同形态的核 心观点,阐明马克思主义 哲学的科学性
		第11页	相关链接	唯心主义的 基本形态及 其社会根源	结合典型事例,全面阐明 主观唯心主义和客观唯心 主义的内涵及差异,揭示 唯心主义产生并长期存在 的社会根源

表 1-7　《科学的世界观和方法论》教学建议

课题	框题	教材页码	栏目类型	栏目主题	教　学　建　议
第一课 时代精神 的精华	第三框 科学的世 界观和方 法论	第11页	阅读与思考	马克思主义 哲学创立的 时代背景和 历史使命	1. 教师课前下发或推荐资 产阶级工业革命和政治革 命史的历史资料或影片 2. 系统介绍并从正反两方 面总结西欧三大工人运动 的政治意义及其经验教训, 使学生提前了解马克思主 义哲学创立的时代背景

课题	框题	教材页码	栏目类型	栏目主题	教 学 建 议
第一课时代精神的精华	第三框科学的世界观和方法论	第12页	相关链接	马克思主义哲学的来源和科学前提	课前预习安排学生: 1. 全面了解19世纪科学的"三大发现"的哲学意义 2. 评价英国古典政治经济学、英法空想社会主义学说的理论贡献和不足,阐明它们对马克思主义哲学产生的影响 教师阐述德国古典哲学对马克思主义哲学产生的影响
		第12—13页	相关链接	马克思主义哲学的发展历程	介绍马克思主义哲学的形成和发展过程,以及不同阶段的代表性著作
		第13页	阅读与思考	实践观点是马克思主义哲学的核心观点	课前预习安排学生学习《关于费尔巴哈的提纲》,深入阐述马克思主义哲学的阶级性和实践性,以及两大特点之间的关系
		第13页	相关链接	实践观点在马克思主义哲学中具有重要地位和作用	引导学生从人与世界的关系、历史观、认识论等方面阐述实践观点在马克思主义哲学中的重要地位和作用
		第14页	阅读与思考	哲学的科学性与阶级性的关系	辨析观点一的不当之处,阐明观点二的正确性,引导学生准确理解哲学的科学性和阶级性之间的辩证关系
		第14—15页	阅读与思考	马克思主义中国化的历史经验和重大理论成果	1. 课前预习推荐学生阅读习近平在纪念马克思诞辰200周年大会上的重要讲话 2. 结合中国革命、建设、改革的伟大历史实践,阐述马克思主义中国化历程及其重大理论成果,坚定理论自信

续　表

课题	框题	教材页码	栏目类型	栏目主题	教　学　建　议
第一课 时代精神 的精华	第三框 科学的世 界观和方 法论	第15页	相关链接	毛泽东哲学 思想的主要 内容	教师补充《实践论》的拓展 资料，引导学生认识毛泽 东思想的主要内容

表1-8　《世界的物质性》教学建议

课题	框题	教材页码	栏目类型	栏目主题	教　学　建　议
第二课 探究世界 的本质	第一框 世界的物 质性	第17页	阅读与思考	理解自然界 的物质性	安排学生课前了解中国神 话中关于人类起源的传 说，课上围绕自然界的物 质性进行小组交流，教师 及时引导
		第18页	阅读与思考	自然界中万 事万物的共 同属性和本 质特征	通过向学生提出一连串的 问题，引导学生深入理解 世界本原问题，思考自然 界中万事万物的根本属性
		第19页	阅读与思考	劳动在人类 和人类社会 产生中的 作用	课前预习安排学生搜集有 关人类社会产生的研究成 果，课堂自主展示
		第19页	阅读与思考	意识的产生	引导学生思考动物的心理 反应与人类意识的区别， 展示马克思、恩格斯关于 人与动物之间区别的重要 论述，帮助学生认识人的 意识的产生过程
		第20页	阅读与思考	意识是人脑 的机能	1.课前介绍《大脑如何思 维：智力演化的今昔》等书 籍让学生阅读 2.课堂播放智能机器人与 人类同台竞技的节目，引 导学生思考：智能机器人 会不会全面代替人类

续　表

课题	框题	教材页码	栏目类型	栏目主题	教 学 建 议
第二课探究世界的本质	第一框世界的物质性	第20—21页	阅读与思考	意识是对客观存在的反映	让学生画一画自己想象中的"外星人"，并阐述设计依据，阐明意识是对客观世界的反映

表 1-9　《运动的规律性》教学建议

课题	框题	教材页码	栏目类型	栏目主题	教 学 建 议
第二课探究世界的本质	第二框运动的规律性	第21页	阅读与思考	自然界是不断运动的	教师课前准备反映宇宙运行、大自然四季更替、微观粒子运动等方面的资料，引导学生思考物质与运动的关系，揭示运动是物质固有的根本属性和存在方式
		第22页	阅读与思考	运动是物质的运动	1. 课前预习安排学生阅读关于四种观点的拓展资料；查阅与教材中两张图片相关的资料，准备课堂展示 2. 教师解释恩格斯《自然辩证法》的相关观点及康德《自然通论和天体论》的有关内容，帮助学生理解运动是物质的运动
		第22页	阅读与思考	物质的运动规律是客观的、可知的	课前预习引导学生查阅资料，了解人类不断发现更多元素的历史，并对"人类根据什么发现并制造出新的元素"这一问题进行讨论
		第23页	阅读与思考	意识的能动作用	课堂播放一段建筑设计师和蜜蜂筑巢的视频，通过与栏目中马克思的经典论述进行形象对比，使学生理解意识的能动性

课题	框题	教材页码	栏目类型	栏目主题	教　学　建　议
第二课 探究世界的本质	第二框 运动的规律性	第23—24页	阅读与思考	正确发挥主观能动性的条件	通过两则故事结果的对比,引导学生思考尊重规律的重要性,鼓励学生进行举例类比,使学生充分理解尊重客观规律与发挥主观能动性的辩证关系
		第24页	阅读与思考	十八洞村的脱贫攻坚之路	教师介绍十八洞村脱贫攻坚的背景,在学生对栏目问题讨论的基础上,进行总结,阐明"精准脱贫"的哲学依据
		第25页	相关链接	"实事求是"内涵的历史演变	逐一阐述班固、颜师古和毛泽东关于"实事求是"的理解,课后安排学生搜集其他思想家或流派关于"实事求是"的解释,阐述"实事求是"在不同语境下的具体内涵
		第25页	阅读与思考	打破"不可能"的港珠澳大桥	课前预习安排学生搜集港珠澳大桥的相关资料,课堂分享交流,帮助学生更好地理解发挥主观能动性应当以尊重客观规律为前提

表 1-10　《世界是普遍联系的》教学建议

课题	框题	教材页码	栏目类型	栏目主题	教　学　建　议
第三课 把握世界的规律	第一框 世界是普遍联系的	第27页	阅读与思考	成语、故事、俗语蕴含的普遍联系的哲理	1. 教师提前收集相关成语、故事、俗语及其解释,分析其中蕴含的哲学道理,做好课前准备 2. 课堂引导学生分组讨论,拓展思想,列举其他成语、故事和俗语,教师进行分析和总结

课题	框题	教材页码	栏目类型	栏目主题	教　学　建　议
第三课把握世界的规律	第一框世界是普遍联系的	第 28 页	阅读与思考	生态系统的联系是客观的	课前预习安排学生搜集人类破坏生态系统导致严重后果的材料,引导学生结合"为什么人可以通过自己的活动影响和改变环境,但不能破坏生态平衡?"进行小组讨论,分享交流
		第 28 页	阅读与思考	中国建筑中的飞檐	课前预习安排学生搜集中国建筑中体现审美价值与使用价值的经典案例,课堂教学引导学生探究"人为事物"的联系是否具有客观性
		第 29 页	阅读与思考	塑料对环境的影响	课前预习安排学生查找资料,了解塑料对不同环境造成的破坏,画出相关示意图,引导学生理解联系的多样性
		第 29 页	相关链接	桑基鱼塘	课前预习安排学生搜集有关"桑基鱼塘"具体操作方法及其影响的资料,课堂讨论探究其中蕴含的哲学道理
		第 30 页	阅读与思考	手与人体的关系	引导学生结合教材中两位哲学家的论述,分组讨论,探究为什么离开人身体的手就不能算是人身体的一个部分
		第 30 页	阅读与思考	木桶与木板的对话	课堂教学运用角色扮演的教学方法,由学生来扮演木桶和木板开展对话,分析每一句对话的意义,领会整体与部分之间的关系

续　表

课题	框题	教材页码	栏目类型	栏目主题	教　学　建　议
第三课 把握世界 的规律	第一框 世界是普 遍联系的	第31页	阅读与思考	古人的读书 方法中包含 的哲理	教师课前搜集两种读书方 法的原文、释义和应用,学 生结合自己的学习经验, 谈谈对两种读书方法的认 识以及其中蕴含的哲学 道理

表1-11　《世界是永恒发展的》教学建议

课题	框题	教材页码	栏目类型	栏目主题	教　学　建　议
第三课 把握世界 的规律	第二框 世界是永 恒发展的	第31—32页	阅读与思考	生命的进化 过程和计算 工具的变化 历程	课前鼓励对天文、地质、 计算机感兴趣或有专长 的学生准备相关文字或 图片资料,引导学生考察 世界上的事物由低级到 高级、由简单到复杂的发 展过程,思考其中包含的 哲学道理
		第32—33页	相关链接	事物的运 动、变化与 发展	教师准备一些形象、生动、 鲜活的例子帮助学生理解 概念间的区别,明确新事 物代替旧事物的标准
		第33页	阅读与思考	"谷堆论证" 与"秃头论 证"	教师课前查阅有关资料, 课堂教学让学生阅读资 料,理解量变到质变的过 程,懂得在实际生活中把 握临界点,把握时机,促成 事物质的飞跃
		第33页	阅读与思考	富含哲理的 名言警句	学生阅读材料,思考并说 出名言警句所包含的哲 学道理,并通过集思广 益、讨论交流,说一说这 些名言警句对自己的 启示

续　表

课题	框题	教材页码	栏目类型	栏目主题	教　学　建　议
第三课 把握世界 的规律	第二框 世界是永 恒发展的	第34页	相关链接	在量变与质 变关系上， 形而上学的 两种观点	教师课前查找"激变论"和 "庸俗进化论"的材料，寻 找典型事例，课堂上鼓励 学生讨论材料，发表见解， 正确理解量变与质变的辩 证关系
		第34页	阅读与思考	古诗中的 哲理	课前预习安排学生分组学 习三句古诗，了解创作背 景、内涵，课堂组织讨论， 分析古诗包含的哲学道理 以及对自己的启示，向同 学推荐分享体现这一哲理 的其他古诗
		第35页	阅读与思考	火车不平凡 的发展历程	结合铁路发展的资料，帮 助学生理解事物发展的方 向是前进的、上升的，道路 是曲折的，体会国家发展 壮大的历程，增强对未来 的信心

表1-12　《唯物辩证法的实质与核心》教学建议

课题	框题	教材页码	栏目类型	栏目主题	教　学　建　议
第三课 把握世界 的规律	第三框 唯物辩证 法的实质 与核心	第36页	阅读与思考	爱因斯坦与 波粒二象性	教师课前查阅相关资料， 对光的本质争论有清晰的 了解，引导学生说说对爱 因斯坦所说的"自然界喜 欢矛盾"这一观点的理解， 总结矛盾的含义
		第36页	阅读与思考	老子与孙武 的名言蕴含 的哲理	教师课前查阅老子和孙武 名言的原文，理解其释义， 组织学生课堂讨论，分析背 后的哲学道理，领会矛盾双 方的相互依存、相互转化

续　表

课题	框题	教材页码	栏目类型	栏目主题	教　学　建　议
第三课 把握世界 的规律	第三框 唯物辩证 法的实质 与核心	第37页	相关链接	哲学上的"斗争性"与日常生活中所说的"斗争"的联系	引导学生正确理解哲学上所说的"斗争性"与日常生活中所说的"斗争"的联系与区别，提高抽象思维能力
		第37页	阅读与思考	史伯和孔子的名言蕴含的哲理	教师对材料中史伯和孔子的话作出解释，让学生探究为什么"和实生物""同则不继""和而不同"的是君子，"同而不和"的是小人？在讨论的基础上，教师总结矛盾统一性与斗争性的辩证关系
		第37—38页	阅读与思考	每一事物中都存在着矛盾	学生结合自己的生活经验，分析三段材料，举例说明每一事物中都存在着矛盾，教师点拨引导，总结归纳出"事事有矛盾，时时有矛盾"
		第38页	相关链接	中国传统文化中关于矛盾普遍性的几个命题	教师准确理解各观点的意思，介绍这些思想家的观点，引导学生在比较中理解矛盾的普遍性及矛盾双方的对立统一关系
		第39页	相关链接	文学作品中的"矛盾特殊性"	课前预习安排学生查找经典文学作品中对环境、任务等差异性的描述，阅读教材提供的材料和学生搜集的材料，对文学作品进行品读，分析作者在创作过程中是如何抓住事物的特殊性的
		第39页	阅读与思考	莱布尼茨的两个观点	让学生谈谈对两个观点的理解，解析问题，领会矛盾的普遍性和特殊性的辩证关系

课题	框题	教材页码	栏目类型	栏目主题	教 学 建 议
第三课 把握世界 的规律	第三框 唯物辩证 法的实质 与核心	第40页	阅读与思考	资本主义社 会主要矛盾	分析材料,讨论说明"矛盾 的普遍性和特殊性之间为 什么可以转化""转化需要 什么样的条件"等问题,领 会矛盾的普遍性和特殊性 相互转化的原理
		第40页	阅读与思考	辽沈战役中 先攻占锦州 战略决策蕴 含的哲理	教师播放电影《大决战》中的 相关片段,帮助学生了解辽 沈战役决策过程中的争议, 理解先打锦州的战略意义。 探究这一事例对我们解决 问题有何启示,帮助学生 学会用矛盾分析法分析和 解决实际问题
		第41页	阅读与思考	海涅的诗篇	让学生阅读材料,谈谈对 诗句的理解和获得的启 示,查找生活中不分主次 矛盾和矛盾主次方面的事 例,在分析总结的过程中, 引导学生领悟两点论和重 点论相统一的方法
		第41—42页	阅读与思考	用两点论与 重点论相结 合的方法安 排学习和 生活	结合"四象限法"帮助学生 掌握管理时间的方法,学生 结合自身实际情况,谈谈运 用这种时间管理方法的作 用及对自己的启示,引导学 生学会运用矛盾分析法分 析复杂事物发展过程中的 不同矛盾,懂得集中力量解 决主要矛盾的重要性
		第42页	阅读与思考	下雨是好事 还是坏事	阅读材料,分析其中蕴含 的哲学道理,组织学生讨 论、交流,或者让学生撰写 小论文,写出自己运用具 体问题具体分析方法取得 的成功经验和失败的教训

续　表

课题	框题	教材页码	栏目类型	栏目主题	教 学 建 议
第三课 把握世界 的规律	第三框 唯物辩证 法的实质 与核心	第43页	阅读与思考	孔子对"孝" 的不同理解	教师对古文进行准确的解读,引导学生思考孔子的做法对我们处理问题有何启示,让学生领悟具体问题具体分析是正确处理和解决矛盾的关键
		第43页	相关链接	华佗对症 下药	学生阅读材料,思考华佗治病方法存在差异的原因及对自己的启示,结合自身经历,谈谈自己的感悟。教师帮助学生理解具体问题具体分析的含义及其意义

3. 教材内容衔接

表1-13　教学内容衔接示例

教材分册	课题	框题	教材页码	衔接内容	教 学 建 议
必修1 《中国特色 社会主义》	第一课 社会主义 从空想到 科学、从 理论到实 践的发展	第二框 科学社会主 义的理论与 实践	第11—17页	马克思主义哲学创立的时代背景和历史使命,马克思主义哲学的来源和科学前提,马克思主义哲学的发展历程,马克思主义哲学的核心观点及其在马克思主义哲学中具有的重要地位和作用	引导学生在学习第一课有关科学的世界观和方法论内容前,复习科学社会主义产生的历史条件、科学社会主义创立的有关内容,有助于学生深刻认识到马克思主义哲学是科学的世界观和方法论
	第二课 只有社会 主义才能 救中国	第一框 新 民主主义革 命的胜利	第22—25页	马克思主义中国化的历史经验和重大理论成果 毛泽东哲学思想的主要内容	

教材分册	课题	框题	教材页码	衔接内容	教学建议
必修1《中国特色社会主义》	第二课 只有社会主义才能救中国	第二框 社会主义制度在中国的确立	第28页	中国共产党在马克思列宁主义基本原理指导下，探索适合中国国情的社会主义建设道路	在学习本单元之前，可安排学生利用假期时间对马克思主义中国化的历史经验和重大理论成果进行复习，为学好本单元重温巩固有关知识基础，深刻领悟马克思主义哲学的实践性
	第三课 只有中国特色社会主义才能发展中国	第二框 中国特色社会主义的创立、发展和完善	第35—41页	中国共产党领导中国人民开辟中国特色社会主义道路，形成了中国特色社会主义理论体系，确立了中国特色社会主义制度，发展了中国特色社会主义文化	
	第四课 只有坚持和发展中国特色社会主义才能实现中华民族伟大复兴	第一框 中国特色社会主义进入新时代	第44—55页	新时代的科学内涵、新时代我国社会主要矛盾	安排学生利用假期时间对习近平新时代中国特色社会主义思想的相关内容进行复习，深刻领会在当代中国，坚持和发展习近平新时代中国特色社会主义思想就是真正坚持和发展马克思主义，就是真正坚持和发展科学社会主义
		第二框 实现中华民族伟大复兴的中国梦	第50—55页	新时代中国共产党的历史使命，分两步走建成社会主义现代化强国	
		第三框 习近平新时代中国特色社会主义思想	第56—61页	习近平新时代中国特色社会主义思想是回答时代之问的科学理论，是具有开创性意义的新理念、新思想、新战略，是党和国家必须长期坚持的指导思想	

续　表

教材分册	课题	框题	教材页码	衔接内容	教学建议
必修2《经济与社会》	第二单元第三课我国经济的发展	第一框 坚持新发展理念	第32—34页	贯彻新发展理念	安排学生对我国经济发展相关内容进行复习,探究我国在经济发展中如何抓住主要矛盾,增强贯彻落实新发展理念的全面性、系统性,如何建设现代化经济体系的有机整体
		第二框 建设现代化经济体系	第38—43页	国家强,经济体系必须强,推动经济高质量发展	
必修3《政治与法治》	第一单元第二课中国共产党的先进性	第二框 始终走在时代前列	第20—22页	党的指导思想与时俱进,坚持解放思想、实事求是、与时俱进、求真务实	回顾马克思主义中国化的历史进程,理解党的指导思想既一脉相承又与时俱进,思考解放思想、实事求是、与时俱进、求真务实的哲学意义

三、新区情　新学情

1. 课程实施情况

为考察杨浦区普通高中学生对推进"双新"实施示范区建设工作的满意度,复旦大学于2021年4月通过问卷调查的方式收集受访者在课程、课本、课堂等方面的满意度,用以反映学生个人层面对推进"双新"工作的接受度和认可度,在数据分析的基础上,最终形成《关于上海市杨浦区普通高中新课程新教材实施示范区建设工作学生满意度的调查报告》。

报告显示,杨浦区普通高中学生对推进"双新"实施示范区建设工作的满意程度,非常满意占35.3%,比较满意占32.5%;对推进"双新"实施示范区建设工作的了解程度,一般了解占52.3%,十分了解占38.3%;对推进"双新"实施示范区建设工作的支持程度,非常支持占48.2%,比较支持占29.5%。这说明在杨浦区推进

"双新"实施示范区建设工作在学生中间有较好的思想基础,得到了广大高中生的支持与响应。

杨浦区推动"双新"实施示范区建设工作的情况总体有以下特征。

① 教育资源相对丰厚,学生素质总体偏高;

② 课程体系总体科学,学校内部差异较大;

③ 课本教材接受度高,任务布置需要注意;

④ 信息技术成效初显,协同育人开始发力。

2. 学生认知调研

（1）学情概述

本单元授课对象为高二年级学生,所在学校为上海市杨浦高级中学。作为上海市首批示范性重点高中,学生总体思维层级较高,课堂教学参与度较好,但也存在知识存量有限等问题（见图1-6）。

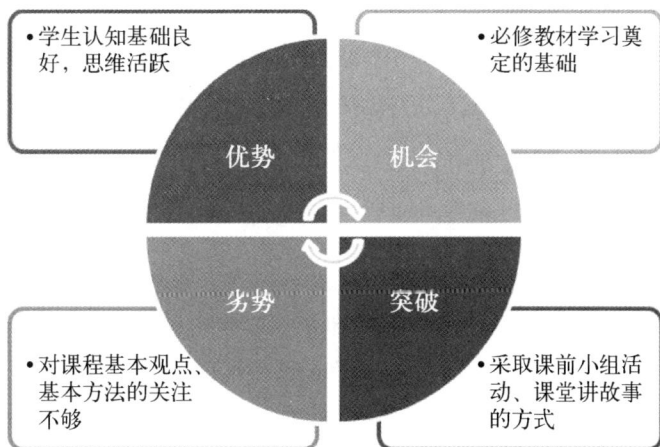

图1-6 学情分析

（2）学情调研

在学习本课时前,对学生进行问卷调查,结果发现学生经历前一阶段对必修教材的学习和积累,对马克思主义哲学的学习已经具备一定的知识基础,了解唯物史观和剩余价值学说,对科学社会主义理论和实践、对马克思主义中国化的过程有一定程度的认识。对于本单元的内容,也有学生表示担心内容抽象,影响自己的学习兴趣。

（3）问题调查

基于问卷收集归纳了学生所提出的几个问题。

① 哲学的研究对象是什么,与其他学科有何不同?

② 为什么马克思主义哲学是科学的世界观和方法论?

③ 唯物辩证法与形而上学的内容和分歧是什么?

四、"双新"单元教学目标

(1) 围绕哲学的起源、内涵和作用,寻找生活和学习中充满智慧、蕴含哲理的故事,讲述哲学智慧与人类实践活动的内在关系,阐明哲学思维与日常思维的异同,阐述哲学与具体科学知识的内在联系和区别,指出哲学智慧对于人类认识世界、改造世界的重要作用。讲述哲学的基本问题及其两个方面的内涵,阐明唯物主义与唯心主义的根本分歧,指出划分三种唯物主义形态和两种唯心主义形态的重要依据,讲述马克思主义哲学的历史使命和基本特征,阐明马克思主义哲学是科学的世界观和方法论,论述马克思主义中国化重大理论成果。

(2) 围绕世界的统一性及其规律,讲述马克思主义哲学的物质观,阐述自然界与人类社会的物质统一性、意识与物质统一性,世界的物质统一性原理;讲述物质与意识的内在关联,阐述尊重客观规律和正确发挥主观能动性的辩证关系,指出一切从实际出发、实事求是的客观要求;树立科学的世界观和方法论,反对唯心主义和不可知论,坚定科学无神论立场,反对一切有神论。

(3) 围绕世界联系和发展的基本规律,讲述联系的普遍性、客观性和多样性,阐述整体和部分的辩证关系;讲述唯物辩证法的发展观,阐明发展的实质、发展的形式和状态、发展的前途和道路;讲述唯物辩证法的实质与核心,阐述矛盾的统一性与斗争性、矛盾的普遍性与特殊性、主要矛盾与次要矛盾、矛盾的主要方面与次要方面的辩证关系,阐明具体问题具体分析是马克思主义的活的灵魂;自觉坚持唯物辩证法。用联系、发展、全面的观点看问题,反对用孤立、静止、片面的观点看问题,坚持矛盾分析方法,坚持具体问题具体分析,反对形而上学。

(4) 综合探究"坚持唯物辩证法反对形而上学",通过学生的探究,引导他们用联系、发展、全面的观点看问题,反对用孤立、静止、片面的形而上学观点看问题;反对否定矛盾的错误观点;坚持以唯物辩证法为指导,坚持联系、发展、全面的观点和对立统一规律,树立全局观念。教材通过"理论评析"讲述唯物辩证法和形而上学的对立和分歧,阐述如何坚持和发展新时代中国特色社会主义。

五、"双新"单元教学重点难点

1. 单元教学重点

（1）比较哲学思维与日常思维的异同；理解哲学是时代精神的精华，阐明马克思主义哲学是科学的世界观和方法论。

（2）说明思维和存在的关系问题，阐释世界的统一性在于它的物质性；表达无神论立场；表明坚持一切从实际出发、实事求是的态度。

（3）描述世界是普遍联系、永恒运动的，领会全面地、发展地看问题的意义，学会运用矛盾分析法观察和处理问题。

2. 单元教学难点

（1）以"什么是哲学"为线索，探寻哲学把握世界的独特方式，归纳哲学思维和日常思维的特点，领会哲学思维的重要意义。

（2）围绕物质与意识关系问题，讲述马克思主义哲学的物质观，指出一切从实际出发、实事求是的客观要求。

（3）坚持唯物辩证法，反对形而上学，坚持矛盾分析的方法，学会用联系、发展、全面的观点看问题，反对用孤立、静止、片面的观点看问题。

六、"双新"单元典型活动

1. 活动选择依据

依据《教学基本要求》，结合区域学情教情，选择如下七项活动形式作为本单元典型活动。说明如下表所示。

表 1-14　典型活动示例

内容要求	议题	学习活动设计	课时
1.1 比较哲学思维与日常思维的异同；理解哲学是时代精神的精华，阐明马克思主义	哲学有什么用	活动一：教师可带领学生围绕"哲学是什么"，分小组开展"讲哲学小故事""哲学格言分享""凡人金句"等活动。分组活动的主题可细分为"哲学的起源""哲学家谈哲学是什么""哲学与具体科学"。活动后，教师对学生搜集的故事、格言、凡人金句及分享活动等进行评价	2

内容要求	议题	学习活动设计	课时
哲学是科学的世界观和方法论	哲学有什么用	活动二：教师可带领学生在活动一基础上开展"为什么要学习马克思主义哲学"的手绘海报、微信公众号制作推送等活动。分组活动的主题可细分为"马克思伟大的一生""马克思主义经典文献推荐""马克思主义哲学体系介绍""马克思主义与中国"等。活动后，教师对各小组在活动过程中的手绘海报内容、微信公众号文案内容及传播影响力等开展评价	2
1.2 说明思维和存在的关系问题，阐释世界的统一性在于它的物质性；表达无神论立场；表明坚持一切从实际出发、实事求是的态度	为什么要具体问题具体分析	活动三：教师可组织学生阅读与"世界本原问题"相关的经典书目或文章。教师分小组布置读书的具体任务，如"古代中国思想家对世界本原的思考""古希腊思想家对世界本原的思考"等，指导学生做读书笔记、撰写读后感，并提供一些有效率的阅读方法；对学生在阅读过程中的批注、摘录、提出的问题等开展评价	2
		活动四：在活动三的基础上，组织学生开展阅读交流活动。根据学生的特点、个人兴趣等确定参加交流活动的方式和发言人员；小组之间互相评价和交流；鼓励学生分享自己的观点；对学生在活动过程中的小组内部讨论、发言内容、小组之间互评内容等开展评价	1
1.3 描述世界是普遍联系、永恒运动的，领会全面地、发展地看问题的意义，学会运用矛盾分析法观察和处理问题	为什么要一切以时间、地点和条件为转移	活动五：研制论证提纲。结合教学内容，在前述活动的基础上，组织学生围绕"把握世界的规律"，从"世界是普遍联系的""世界是永恒发展的"等视角开展撰写论证提纲活动。教师提供学生与要求主题、视角相关的案例，如"走进新时代的中国所发生的历史性变革""我国社会主要矛盾的变化"等；引导学生结合前述活动，梳理新时代我国发生的历史性变化背后的哲学逻辑；对学生在活动过程中论证提纲内容的逻辑性等开展评价	2
		活动六：撰写小论文。结合教学内容，参考活动五的论证提纲以及前述活动，组织学生探究解放思想、与时俱进的意义。带领学生分组，并按小组指导学生收集"庆祝改革开放40周年""中国脱贫攻坚战全面胜利"等相关历史资料；组织学生小组制作"改革开放"或"脱贫攻坚"的分析课件；指导学生小组形成课堂汇报的文字稿；带领各组一起修改文字稿，形成小论文；对各小组在活动中的材料收集、课件制作、课堂展示、小论文撰写等过程开展评价	2

续　表

内容要求	议题	学习活动设计	课时
1.4 掌握唯物辩证法基本观点，了解形而上学的认识方法的局限	如何坚持唯物辩证法、反对形而上学	综合探究活动：教师综合运用教学内容，组织学生围绕"建国 70 年，我们党如何带领人民取得一个又一个胜利"进行综合探究与分享"坚持唯物辩证法、反对形而上学"，让学生深刻认识唯物辩证法的联系、发展、全面的观点和对立统一规例，要求我们统筹推进经济建设、政治建设、文化建设、社会建设、生态文明建设"五位一体"总体布局，协调推进全面建成小康社会、全面深化改革、全面依法治国、全面从严治党"四个全面"战略布局。教师从学科核心素养角度，对学生在活动过程中独立思考表现、合作学习表现、探究活动水平等开展评价	1

2. 活动开展基础

自 1997 年开展中国特色社会主义理论"三进"工作以来，杨浦区始终把理论教学与课内外实践活动紧紧结合，立足理论小课堂，拓展社会大课堂，开发并设计了时事论坛、法治辩论、模拟政协、模拟联合国、教育戏剧、经典诵读、社会考察、研学旅行等多种类型的课内外思政活动，丰富了杨浦区师生思政课学习形式，形成了区域内 16 所高中多点开花、齐头并进的良性循环发展态势。比如：

复旦大学附属中学开展模拟联合国、模拟政协、模拟法庭、模拟公司等系列模拟社会参与活动；

上海交通大学附属中学和上海理工大学附属中学开展模拟政协活动，氛围浓郁，两校多次代表杨浦区荣获全国大奖，培养了一大批活跃于模拟政协活动的学生骨干；

同济大学第一附属中学和市东实验学校是开展法治辩论的传统强校，多次荣获市区冠亚军；

杨浦高级中学立足第二课堂，开发教育戏剧、经典诵读与思政课有机融入、有效结合的全新模式；

控江中学和复旦实验中学精心设计线路，把研学旅行与红色文化考察结合起来，在考察实践中坚定理想信念。

3. 实施过程建议

表 1-15　实施过程建议（1）

内容要求	议题	典型活动	课时安排	活动序列化操作路径
1.1 比较哲学思维与日常思维的异同；理解哲学是时代精神的精华，阐明马克思主义哲学是科学的世界观和方法论	哲学有什么用	故事分享	1	**1. 活动准备：** ① 背景资料分析 ② 故事线索梳理 **2. 活动实施：** ① 生活、学习中的哲理故事 ② 自己运用哲学方法解决问题的故事 **3. 活动展示：** ① 故事分享 ② 故事讨论 ③ 故事表演 **4. 活动评价：** ① 故事演后研讨 ② 观演互动交流 ③ 活动总结归档
1.2 说明思维和存在的关系问题，阐释世界的统一性在于它的物质性；表达无神论立场；表明坚持一切从实际出发、实事求是的态度	为什么要具体问题具体分析	社会考察	1	**1. 活动准备：** ① 背景资料分析 ② 考察方案制定 **2. 活动实施：** ① 考察资料整理 ② 考察笔记撰写 ③ 电子小报制作 **3. 活动展示：** ① 模拟汇报展示 ② 汇报展示正演 **4. 活动评价：** ① 心得体会交流 ② 观摩互动交流 ③ 活动总结归档

表 1-16　实施过程建议（2）

内容要求	议题	典型活动	课时安排	活动序列化操作路径
1.3 描述世界是普遍联系、永恒运动的，领会全面地、发展地看问题的意	为什么要一切以时间、地点和条件为转移	教育戏剧	1	**1. 活动准备：** ① 背景资料分析 ② 戏剧构思创作 **2. 活动实施：** ① 戏剧大纲制定

续　表

内容要求	议　题	典型活动	课时安排	活动序列化操作路径
义,学会运用矛盾分析法观察和处理问题		教育戏剧	1	② 剧本集体创作 ③ 戏剧创作排演 **3.活动展示：** ① 戏剧彩排调整 ② 戏剧课堂正演 **4.活动评价：** ① 戏剧演后研讨 ② 观演互动交流 ③ 活动总结归档
		演讲辩论 .	1	**1.活动准备：** ① 背景资料分析 ② 立论思路探讨 **2.活动实施：** ① 论证框架制定 ② 论证素材搜集 ③ 模块论证排练 **3.活动展示：** ① 演讲/辩论模拟展示 ② 演讲/辩论课堂正赛 **4.活动评价：** ① 演讲/辩论赛后研讨 ② 观赛互动交流 ③ 活动总结归档

表 1-17　实施过程建议(3)

内容要求	议　题	典型活动	课时安排	活动序列化操作路径
综合探究：1.4 掌握唯物辩证法基本观点,了解形而上学的认识方法的局限	如何坚持唯物辩证法、反对形而上学	经典阅读与诵读	1	**1.活动准备：** ① 背景资料分析 ② 诵读文本赏析 **2.活动实施：** ① 文本理论解读 ② 文本艺术解读 ③ 诵读创作排演 **3.活动展示：** ① 诵读彩排调整 ② 诵读课堂正演

内容要求	议题	典型活动	课时安排	活动序列化操作路径
综合探究：1.4 掌握唯物辩证法基本观点，了解形而上学的认识方法的局限	如何坚持唯物辩证法、反对形而上学	经典阅读与诵读	1	**4. 活动评价：** ① 诵读演后研讨 ② 观演互动交流 ③ 活动总结归档
		模拟政协	1	**1. 活动准备：** ① 背景资料分析 ② 调研计划制定 **2. 活动实施：** ① 问卷访谈调研 ② 数据资料分析 ③ 提案报告撰写 **3. 活动展示：** ① 提案报告汇报 ② 新闻发言展示 **4. 活动评价：** ① 现场提问答辩 ② 观摩互动交流 ③ 活动总结归档

4. 核心素养关联度

表 1-18　核心素养关联度示例

活动类型	活动主题	与学科核心素养水平关联度			
		政治认同	法治意识	科学精神	公共参与
故事分享	生活中、学习中的哲理故事以及自己运用哲学方法解决问题的故事情景片段编排演	◎	○	●	○
社会考察	结合当地情况，针对实际问题，通过调查研究，找出本区域发展中尊重客观规律、一切从实际出发的具体举措	●	○	○	◎
教育戏剧	"木桶"和"木板"的对话	○	○	●	◎

续　表

活动类型	活　动　主　题	与学科核心素养水平关联度			
		政治认同	法治意识	科学精神	公共参与
演讲辩论	主题演讲：我和我的祖国不可分割 辩论："顺境"还是"逆境"？	●	○	◎	○
经典阅读与诵读	"读经典名篇 与真理同行"经典阅读与诵读活动 阅读列宁的《谈谈辩证法问题》、毛泽东的《矛盾论》、习近平的《辩证唯物主义是中国共产党人的世界观和方法论》等文献	●	○	◎	○
模拟政协	采访学校管理者、教师和学生，请他们谈谈如何在学校管理、教学和学习中，运用具体问题具体分析的原则，以"我为学校的发展建言献策"为主题，撰写一份倡议书	◎	◎	●	◎

注：●为强相关、◎为高相关、○为一般相关。

七、"双新"单元作业设计

1. 学科任务安排

为什么要学习马克思主义哲学？

（1）情境说明

阅读《习近平：在纪念马克思诞辰 200 周年大会上的讲话》摘录

1818 年 5 月 5 日，马克思诞生在德国特里尔城的一个律师家庭。早在中学时代，他就树立了为人类幸福而工作的志向。大学时代，马克思广泛钻研哲学、历史学、法学等知识，探寻人类社会发展的奥秘。在《莱茵报》工作期间，马克思犀利抨击普鲁士政府的专制统治，维护人民权利。1843 年移居巴黎后，马克思积极参与工人运动，在革命实践和理论探索的结合中完成了从唯心主义到唯物主义、从革命民主主义到共产主义的转变。1845 年，马克思、恩格斯合作撰写了《德意志意识形态》，第一次比较系统地阐述了历史唯物主义基本原理。1848 年，马克思、恩格斯合作撰写了《共产党宣言》，一经问世就震动了世界。恩格斯说，《共产党宣言》是"全部社会主义文献中传播最广和最具有国际性的著作,是从西伯利亚到加利福尼亚的千百万工人公认的共同纲领"。

1848年,席卷欧洲的资产阶级民主革命爆发,马克思积极投入并指导这场革命斗争。革命失败后,马克思深刻总结革命教训,力求通过系统研究政治经济学,揭示资本主义的本质和规律。1867年问世的《资本论》是马克思主义最厚重、最丰富的著作,被誉为"工人阶级的圣经"。晚年,马克思依然密切关注世界发展新趋势和工人运动新情况,努力从更宏大的视野思考人类社会发展问题。

……

马克思有一句名言:"批判的武器当然不能代替武器的批判,物质力量只能用物质力量来摧毁;但是理论一经掌握群众,也会变成物质力量。"马克思主义主要由哲学、政治经济学、科学社会主义三大组成部分构成。这三大组成部分分别来源于德国古典哲学、英国古典政治经济学、法国空想社会主义,然而,最终升华为马克思主义的根本原因,是马克思对所处的时代和世界的深入考察,是马克思对人类社会发展规律的深刻把握。马克思说:"共产党人的理论原理,决不是以这个或那个世界改革家所发明或发现的思想、原则为根据的。""这些原理不过是现存的阶级斗争、我们眼前的历史运动的真实关系的一般表述。"

……

马克思主义不仅深刻改变了世界,也深刻改变了中国。……近代以后,争取民族独立、人民解放和实现国家富强、人民幸福就成为中国人民的历史任务。在旧式的农民战争走到尽头,不触动封建根基的自强运动和改良主义屡屡碰壁,资产阶级革命派领导的革命和西方资本主义的其他种种方案纷纷破产的情况下,十月革命一声炮响,为中国送来了马克思列宁主义,给苦苦探寻救亡图存出路的中国人民指明了前进方向、提供了全新选择。

……

在新时代,中国共产党人把马克思主义基本原理同新时代中国具体实际结合起来,团结带领人民进行伟大斗争、建设伟大工程、推进伟大事业、实现伟大梦想,推动党和国家事业取得全方位、开创性历史成就,发生深层次、根本性历史变革,中华民族迎来了从富起来到强起来的伟大飞跃。这一伟大飞跃以铁一般的事实证明,只有坚持和发展中国特色社会主义才能实现中华民族伟大复兴!

（2）学科任务

表 1-19　学科总任务与子任务示例

学科任务群		任务内容	与学科核心素养水平关联度				学科任务类型
			政治认同	法治意识	科学精神	公共参与	
单元任务	总任务	从《共产党宣言》发表到今天，人类社会发生了翻天覆地的变化，但马克思主义所阐述的一般原理整个来说仍然是完全正确的。请综合本单元所学，撰写一篇小论文，论证马克思主义哲学是科学的世界观和方法论，并完成答辩，题目自拟	●	○	◎	○	撰写小论文
	子任务一	结合上述情境说明，通过查阅经典著作、党史文献、论文资料等，分别从"马克思主义哲学的诞生"和"马克思主义中国化"等角度，以小组为单位完成文献资料综述	●	○	◎	○	文献资料综述
	子任务二	在完成上述任务后，以"马克思主义是科学的世界观和方法论"为主题，结合马克思主义中国化的历程，对身边的优秀共产党员、教师、同学等进行访谈，了解他们学习和运用马克思主义哲学的经验，整理汇总，为撰写论文打好基础	●	○	◎	○	访谈调研
	子任务三	在完成上述任务基础上，撰写小论文，制作论文答辩展示课件，并完成答辩	●	○	○	◎	成展汇报/答辩

注：●为强相关、◎为高相关、○为一般相关。

2. 任务评价量规

表 1-20　任务评价标准示例

评价内容		评 价 标 准				综合评价
		水平 1	水平 2	水平 3	水平 4	
报告内容	框架构建	能建立完整清晰的整体逻辑框架,呈现的逻辑线索连贯	建立的逻辑框架基本完整清晰,部分逻辑环节缺失	没有完整清晰的逻辑框架,有一定的逻辑线索	结构松散,没有逻辑框架,只有不完整的部分逻辑线索	
	文献整理	能全面深入把握文本内容。选用文献资料均合理贴切,能够有效论证报告所有观点	基本把握文本的大部分内容,选用文献资料大部分较为合理,能基本有效论证报告大部分观点	能正确把握文本部分内容,选用资料少部分较为合理,能够论证报告的部分观点	只读懂文本的极少数内容,选用资料不太合理,基本无法论证报告观点	
	逻辑论证	能梳理严谨而复杂的逻辑结构,帮助研究成果更加清晰直观地展示出来	能梳理基本正确的逻辑结构来说明研究成果	能梳理一定的逻辑结构,但结构和内容都较为简单	不会利用逻辑结构展示研究成果	
	学术规范	能准确运用学科知识对现象进行完整分析,报告表述与论文写作符合学术规范	能运用学科知识分析现象,表述基本正确,报告表述与论文写作基本符合学术规范	能运用学科知识,分析不准确,报告表述与论文写作不符合基本学术规范	运用学科知识有明显错误,报告表述与论文写作不符合基本学术规范	
报告形式	语言表达	做到清晰、准确、流畅地完成发言	基本做到清晰、准确地完成发言	语言表述不够清晰,节奏不流畅	仅能完成基本发言,表述不清楚、不通顺	
	课件制作	能够使用 PPT、Prezi 等多种软件,结合视频、音频、图片等内容,表现有层次感,重点突出,脉络清楚	能够使用至少一种软件,多媒体类型文件不少于两种,表现较有层次感,重点较突出,脉络较清楚	能够使用软件进行制作,但制作较简单,多媒体类型文件内容单一,层次不鲜明,脉络较混乱	不能使用多媒体展示软件制作,没有使用多媒体类型文件	
	答辩回复	能准确捕捉提问者意图,快速做出正确答复	能基本把握问题的方向,做出基本正确的答复	能把握提问的部分内容,只能给出不充分的答复	不能把握提问者的意图,无法做出正确答复	

评价内容		评价标准				综合评价
		水平1	水平2	水平3	水平4	
小组合作	分工合作	能根据每位小组成员特点分配任务，做到扬长避短，发挥合力作用。每位组员相互配合协作，积极参与全部研究活动过程	能基本保证大部分组员承担相应的任务并发挥团队合作精神完成研究成果。大部分组员积极参与研究活动过程，基本做到相互配合	能保证部分组员承担相应的任务并合作完成研究成果。少数组员积极主动参与，其他组员被动配合	只有少数组员来承担完成大部分的任务。少数组员参与，其他组员参与度低	
总评价						
意见综述：						

八、"双新"单元教学资源

表1-21　教学资源

内容要求	议题	单元资源使用建议	重点资源使用推荐
1.1 比较哲学思维与日常思维的异同；理解哲学是时代精神的精华，阐明马克思主义哲学是科学的世界观和方法论	哲学有什么用	**1. 党史文献类** (1) 马克思、恩格斯著作：《共产党宣言》《关于费尔巴哈的提纲》《德意志意识形态》《青年在选择职业时的考虑》 (2) 毛泽东著作：《实践论》《矛盾论》《论持久战》《关于正确处理人民内部矛盾的问题》《人的正确思想是从哪里来的?》《改造我们的学习》 (3) 习近平著作：《辩证唯物主义是中国共产党人的世界观和方法论》《习近平谈治国理政》	《实践论》 《矛盾论》 《辩证唯物主义是中国共产党人的世界观和方法论》
1.2 说明思维和存在的关系问题，阐释世界的统一性在于它的物质性；表达无神论立场；表明坚持一切从实际出发、实事求是的态度	为什么要具体问题具体分析	**2. 规章政策类** (1)《新一代人工智能治理原则——发展负责任的人工智能》 (2)《决胜全面建成小康社会 夺取新时代中国特色社会主义伟大胜利——在中国共产党第十九次全国代表大会上的报告》	《决胜全面建成小康社会 夺取新时代中国特色社会主义伟大胜利——在中国共产党第十九次全国代表大会上的报告》

续　表

内容要求	议　题	单元资源使用建议	重点资源使用推荐
1.3 描述世界是普遍联系、永恒运动的,领会全面地、发展地看问题的意义,学会运用矛盾分析法观察和处理问题	为什么要一切以时间、地点和条件为转移	**3.专著类** (1)〔英〕罗素:《西方哲学史》,何兆武、李约瑟译,商务印书馆,2016年 (2)艾思奇:《大众哲学》,人民出版社,2009年	《西方哲学史》
		4.影视类 (1)《青年马克思》(电影) (2)《不朽的马克思》(电视纪录片) (3)《马克思是对的》(对话节目) (4)《领风者》(动漫) (5)"理解马克思"(国家精品在线开放课程)	"理解马克思"(国家精品在线开放课程)
1.4 掌握唯物辩证法基本观点,了解形而上学的认识方法的局限	如何坚持唯物辩证法、反对形而上学	**5.纪念场馆基地展览类** 《共产党宣言》展示馆	《共产党宣言》展示馆

第二章

教情与学情：教师视角下的大中小学
思政课一体化实证分析

本章已经发表,收入本书时略作修改。参见宋道雷,谭金欣,叶靖.大中小学思政课一体化成效与影响因素研究:基于教师的视角[J].复旦教育论坛,2021,19(4).

第一节　问题提出

　　思政课同语数外等课程一样贯穿大中小学各学段,但与之相比,其在一体化建设上面临更多挑战和障碍。访谈中有老师表示,"我们的思政课跟语数外不一样,里面很多内容在大中小学学段重复出现,如法治这一块。我们在上课的时候只能将相似的内容,以不同的教法来变通处理"。大中小学思政课存在很多诸如此类的其他学科不存在的问题,这也是目前为止中央仅就思政课旗帜鲜明地提出必须贯通大中小学建设的原因所在。由于大中小学思政课一体化建设是中央最新提出的要求,学界对该领域的研究刚刚起步,对此展开专门论述的学术专著尚付诸阙如,学术论文数量有限。总体而言,对大中小学思政课一体化的学术研究,尤其是实证研究非常有限。

一、文献综述

　　学界一致认为大中小学思政课一体化建设具有重要意义。习近平总书记关于思政课的重要论述是新时代做好思政课建设的重要遵循,推进大中小学思政课一体化建设是中央高度重视的重要工程。① 学者认为大中小学思政课一体化建设,符合国家意识形态建设的需要②,是各学段"落实立德树人根本任务的关键课程"③,具有重要的理论意义和实践意义。推进大中小学思政课一体化建设是社会发展的必然要求,也是实现思政课教学目标和上出高质量思政课的内在要求。④

　　第一,大中小学思政课一体化的含义。学者对大中小学思政课一体化的界定比较多元。宋婷认为大中小学思政课一体化就是教师引导"教育对象有顺序地从

---

① 马宝娟,张婷婷.大中小学思政课一体化:问题与对策[J].思想政治课教学,2020(2).
② 高国希.大中小学思想政治理论课一体化建设的思考[J].思想理论教育,2019(5).
③ 习近平:《思政课是落实立德树人根本任务的关键课程》,《求是》2020年第17期。
④ 张永霞,申来津.新时代大中小学思政课一体化的依据、思路与途径[J].学校党建与思想教育,2020(8).

一个学习阶段顺利过渡到另一学习阶段的有序上升状态"。① 王庆军认为大中小学思政课一体化就是教师要根据"不同学段目标重点、实施方式、运行机制和特点规律",建构"思政课协同育人合力的教育系统"。② 除此之外,有学者认为大中小学思政课一体化不仅需要教师统筹不同学段,而且需要统筹广义上的家、校、社,形成更加广阔的一体化格局。③ 学者的定义虽然比较多元,但他们的界定都指向两个关键性要素:一是教师是实施大中小学思政课一体化的最重要行为主体;二是教师须注重不同学段的衔接,统筹学校内外教学环境中的各种资源,建构协同育人的整体系统。

第二,大中小学思政课一体化的影响因素。首先,有学者认为教学队伍对大中小学思政课一体化建设的目标、内容和推进过程,具有较大影响。④ 由此,加强大中小学思政课一体化,首先,要实现教师队伍层面的一体化建设⑤,而专职教师方面的建设,是影响大中小学思政课一体化建设的重要因素。⑥ 其次,在教师队伍一体化建设的基础上,建构基于教师志趣激发的跨学段交流机制,才能打破学段区隔,"统筹好教育主体的整体性和不同学段教学规律的关系"。⑦ 最后,各种教学环境中的优秀教育教学资源共享机制的建设和一体化供给,是影响大中小学一体化的重要因素。⑧

第三,大中小学思政课一体化的路径。学者认为大中小学思政课一体化建设存在多重路径。有学者认为须实现思维创新⑨,从体制机制创新层面⑩,教学方式改进、教师队伍建设、教学资源共享等方面入手⑪,加强大中小学思政课一体化建设。然而,大多数学者聚焦从教师队伍层面提升大中小学思政课一体化建设。具

---

① 宋婷.构建大中小学思政课一体化育人格局[J].思想政治课教学,2020(5).
② 王庆军.思政课一体化建构的哲学思考[J].中学政治教学参考,2020(16).
③ 石书臣.以问题导向推进大中小学思想政治理论课一体化建设的思考[J].思想理论教育,2020(5).
④ 李东坡,王学俭.新时代大中小学思政课一体化建设的内涵、挑战与对策[J].新疆师范大学学报(哲学社会科学版),2021,42(3).
⑤ 徐蓉.关于大中小学思想政治理论课教师队伍一体化建设的若干思考[J].思想理论教育,2019(12).
⑥ 郭亚红,汪璟.大中小学思政课一体化的现状分析与提升策略[J].思想政治课教学,2020(9).
⑦ 李昕.统筹推进大中小学一体化 推动思政课建设内涵式发展[J].中国高等教育,2019(7).
⑧ 卢黎歌,耶旭妍,王世娟,等.统筹推进大中小学思政课一体化建设研究——学习习近平总书记在学校思想政治理论课教师座谈会上的重要讲话精神笔谈[J].北京工业大学学报(社会科学版),2020,20(1).
⑨ 余华,涂雪莲.论大中小学思想政治理论课一体化建设的思维革新[J].思想理论教育,2020(2).
⑩ 赵静.新时代统筹推进大中小学思想政治理论课一体化建设探析[J].思想理论教育导刊,2020(3).
⑪ 邵沁妍,刘振霞.大中小学思政课一体化建设的三维思考[J].思想理论教育导刊,2020(9);石书臣.关于大中小学思想政治理论课教师队伍一体化建设的思考[J].思想理论教育,2019(11).

体来讲,首先,应加强教师队伍建设,构建一支高素质的能够"打破各学段固有的分层与隔断"的教师队伍。[①] 其次,这支教师队伍应是"专职为主、专兼结合"的一体化团队。[②] 最后,教师队伍的专业能力提升,是大中小学思政课一体化取得成效的关键。[③]

二、研究问题

综上,大中小学思政课一体化的重要性是不言而喻的,思政课教师的主体作用是不言自明的。学界无论对其定义、影响因素,还是成效的研究,大都是从教师的角度切入,认为教师是实施大中小学思政课一体化的最重要的主体。因此,思政课教师队伍是实施大中小学思政课一体化的关键所在。然而,学界所有研究均集中于理论思辨层面的应然研究,缺乏实证研究。虽然这样解决了大中小学思政课一体化的意义和重要性等问题,但却无法解决实然层面的教师如何打破学段壁垒、协同推进大中小学思政课一体化的问题,尤其缺乏对思政课教师队伍结构特征,以及思政课教师对教学环境水平、跨学段交流、客观外部条件的态度的实证分析,也就无法对其实施成效和提升路径做出实证研究。

基于此,本书以S市A区为案例,从教师角度切入,对大中小学思政课一体化的现状、影响因素、成效和路径进行实证研究,以期为将来的工作推进提供有益借鉴。由此,本书采用量化和质性相结合的实证研究方法,聚焦思政课教师队伍作为主体推动的大中小学思政课一体化,并回答以下研究问题。

第一,作为大中小学思政课一体化最重要实施主体的教师队伍结构如何? 其呈现什么样的特征?

第二,思政课教师对大中小学思政课一体化的认知度、支持度和参与度如何? 他们如何评价大中小学思政课一体化的建设成效?

第三,思政课教师队伍对大中小学思政课一体化的认知度、支持度和参与度的重要影响因素是什么? 需采取哪些路径予以改善?

---

① 于慧颖,周小琴.思想政治理论课内容衔接一体化探析[J].白城师范学院学报,2020,34(3).
② 吴宏政,徐中慧.论大中小学思政课教师队伍一体化建设[J].现代教育管理,2020(7).
③ 罗丹,苏阳.大中小学思政课一体化建设视域下教师专业素养提升探析[J].现代教学,2020(12).

第二节　研究设计

一、调查对象

　　中央提出的大中小学思政课一体化建设具有极强的现实需要,以 A 区为代表的地市级单位率先推行大中小学思政课一体化实践。A 区是 S 市高等教育和基础教育资源最丰厚的行政区。A 区拥有小学 43 所,初中 37 所,高中(包括职高)17 所,大学(本科)8 所。同时,A 区拥有 S 市普通高中"四大名校"中的两校,四所"双一流"高校中的两所,除此之外位于第二阶梯的大中小学更是有数十所之多,高等教育和基础教育水平位于 A 市之冠,是名副其实的教育资源大区。从这个方面来讲,A 区具有推进大中小学思政课一体化建设的天然优势。2019 年年末,A 区制定《新时代加强大中小学思想政治课建设三年行动方案》,整体规划思政课程目标和内容,推出一体化教学、教研和教师培训等举措,进一步推进思政课改革创新,率先迈出一体化建设的步伐。研究 A 区大中小学思政课一体化实践背后的影响因素和机制,不仅对其自身而且对其他地方而言,都具有重要的理论和实践意义。

二、研究方法

　　思政课教师是大中小学思政课一体化的具体实践者,在他们眼中,具有如此丰厚基础教育和高等教育资源的 A 区推行大中小学思政课一体化的现状如何?其影响因素是什么? 这需要科学的实证研究来解释该现象背后的微观机制。本文以 A 区为深度研究案例,将该区大中小学思政课教师作为研究对象,采用问卷调查、参与式观察以及深度个案访谈等数据收集方法,通过量化和质性相结合的实证研究方法探究该现象背后的微观机制。

　　量化研究的数据来源于"A 区大中小学思政课一体化研究"课题组 2019—2020 年对 A 区所有思政课教师开展的问卷调查。课题组共发放问卷 960 份,回收有效问卷 891 份,回收率为 92.8％。研究者在完成问卷调研后,进行问卷整理、数据录入,使用 SPSS21.0 软件对调查数据进行统计分析。量化分析采用具有代表性的样本,不仅可以反映思政课教师视角下 A 区大中小学思政课一体化建设的推进效果,而且可以比较直接、客观、准确地描述现状、特征以及各因素的相关关系。然而,仅用量化分析只能显示各因素间的相关关系,对于深层次的原因分析缺乏解释力。同时,量化分析也无法获得个体的主观意见,从而无法充分揭示大中小学思政课一体化建设过程的复杂性。因此,引入质性研究来对其进行补充。

质性研究以深度个案访谈为主,并结合参与式观察方法。我们运用目的性抽样方法,遵循最大差异抽样原则和信息饱和度原则[1],最终选择分别来自 3 所大学、中学(高中、初中)和小学的各 3 名思政课教师(共 13 人,其中有 3 位是学校中层管理人员)和 3 名 A 区教育局工作人员作为访谈对象,分别编号 T1,T2……T12,L1,L2,L3。访谈样本的职称(特级 1 人,正高 1 人,副高 3 人,中级 3 人,初级 3 人,未评 2 人)和行政级别(正处 1 人,副处 1 人,正科 1 人)具有广泛代表性。我们以一对一的半结构式访谈对访谈对象开展深度访谈,每位对象的访谈时间持续90—120 分钟。前期访谈结束后,我们将访谈资料进行编码,并继续开展多轮访谈,据此合并编码内容并撰写访谈备忘录,形成可参考的质性资料,最后对访谈文本进行分析和研究。[2]

第三节　研究结果

一、大中小学思政课一体化建设的现状

1. 承担大中小学思政课一体化任务的师资队伍

思政课教师是将中央对大中小学思政课一体化建设的任务落到实处的一线

① 吴菡,朱佳妮,周默涵.学缘和海归教师学术职业发展——一项基于上海高校的混合研究[J].复旦教育论坛,2020,18(2).
② 郑琼鸽,余秀兰.地方高校教师创业型角色认同的过程机制研究[J].复旦教育论坛,2020,18(2).

人员,其状况、梯队结构、专业水平等因素直接影响大中小学思政课一体化的推行效果。本区思政课教师的队伍结构如表2-1所示。

表2-1 师资队伍结构统计结果

信 息	类 别	频 数	百分比(%)
性别	男	44	4.9
	女	847	95.1
	合计	891	100.0
年龄	22—35 岁	299	33.6
	36—45 岁	224	25.1
	46—55 岁	362	40.6
	56—65 岁	6	0.7
	合计	891	100.0
最高学位	学士以下	367	41.2
	学士	405	45.5
	硕士	116	13.0
	博士	3	0.3
	合计	891	100.0
任教学段	小学	632	70.9
	初中	88	9.9
	高中	64	7.2
	大学	107	12.0
	合计	891	100.0
岗位性质	专职	168	18.9
	行政人员兼职	48	5.4
	其他学科教师兼职	675	75.7
	合计	891	100.0

信 息	类 别	频 数	百分比(%)
职称	未评	72	8.1
	初级教师	342	38.4
	中级教师	388	43.5
	高级教师	88	9.9
	正高级教师	1	0.1
	合计	891	100.0

根据调查结果,大中小学思政课教师任教学段的数量分布呈"金字塔型"。小学占比最大,为70.9%,初中占比9.9%,高中占比7.2%,大学占比12.0%,这与小学数量多有关。更重要的是,思政课教师队伍中的专职人员只占到18.9%,思政课教师大多数是以"兼职"的形式存在的,行政人员兼职思政课教师的占5.4%,其他学科教师兼职的占75.7%,且兼职思政课教师现象主要出现在小学学段。

在受教育程度方面,思政课教师取得的最高学位中,学士学位的教师占45.5%,占比最高,硕士学位的占13.0%,博士学位的占0.3%。由此可见,思政课教师群体以本科和专科(主要集中于小学学段)毕业生居多,研究生偏少,学历水平总体上处于较高水平。

在年龄方面,22—45岁的思政课教师占比58.7%,46—55岁的教师占比40.6%,56—65岁的教师占比0.7%,年龄分布较为均匀。超过半数的思政课教师的年龄在45岁以下,教师群体结构总体较为年轻。

对思政课教师的学位分布与年龄、性别分别进行相关性分析和交叉检验,发现最高学位与性别、年龄段之间存在显著相关性。其中,低年龄段教师的学位总体水平高于高年龄段的教师,男性的知识化水平总体高于女性。

在思政课教师的累积执教时间方面,样本数据呈现"哑铃型"分布(图2-1)。累积执教时间在1—5年的新人数量占比最高,在20—35年的经验型教师的数量占比次之,累积执教时间居于中游水平的人数最少。总体来看,思政课教师平均累积执教时间长达15.26年。这说明思政课教师行业有充足的后备人员和丰富经验的教学前辈,这是大中小学思政课一体化建设的有利因素;但累积执教时间居中的人员的缺乏会导致中坚力量的缺乏。

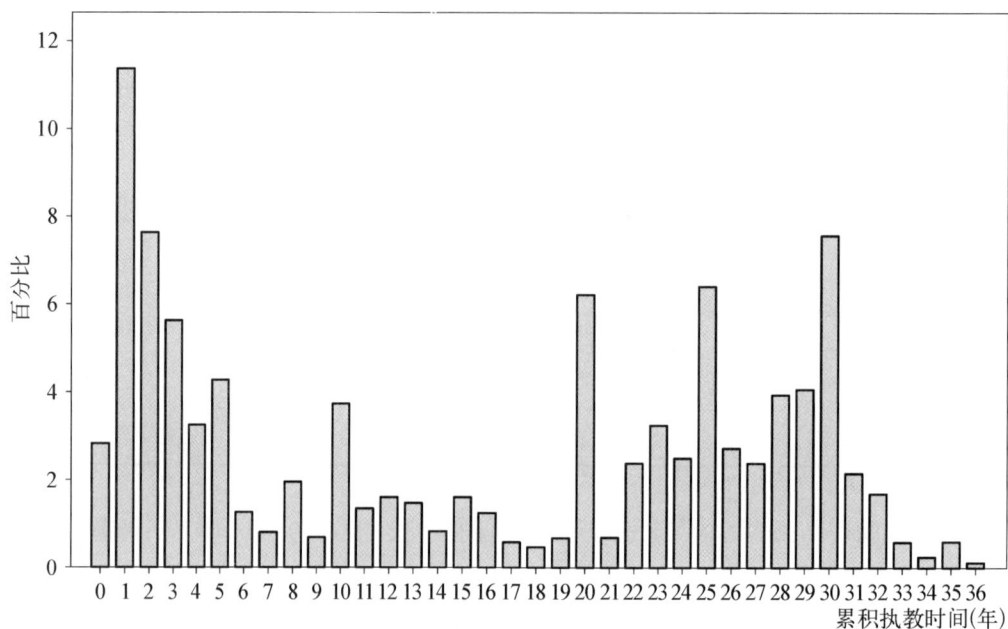

图 2-1　思政教师累积执教时间分布

2. 教师视角的大中小学思政课一体化建设成效

思政课教师的了解程度、参与情况和支持态度很大程度上反映了教师眼中的大中小学思政课一体化建设的成效。根据统计(见表 2-2),思政课教师对大中小学思政课一体化的了解程度大部分为基本了解(52.0%)和很了解(23.3%);对推进大中小学思政课一体化建设的支持态度大部分为非常支持(66.6%)和支持(32.0%);对正在推进的大中小学思政课一体化实践的参与情况大部分为中度参与(55.4%)和深度参与(24.2%)。以上数据说明,大中小学思政课一体化工作在教师中有较好的思想基础和行动支持,得到了广大教师的支持与响应。

表 2-2　认知态度统计结果

信　　息	类　　别	频　　数	百分比(%)
了解程度	完全了解	201	22.6
	很了解	208	23.3
	基本了解	463	52.0
	完全不了解	19	2.1
	合计	891	100.0

信　息	类　别	频　数	百分比（%）
支持态度	非常支持	593	66.6
	支持	285	32.0
	无所谓	13	1.4
	合计	891	100.0
参与情况	深度参与	216	24.2
	中度参与	494	55.4
	很少参与	161	18.1
	没有参与	20	2.3
	合计	891	100.0

　　进一步将教师对大中小学思政课一体化的认知态度与其他信息进行相关性分析，我们发现了更多影响因素。首先，教师对于推进大中小学思政课一体化的了解程度、参与情况和支持态度三者彼此间均存在显著的正相关性。此三者都是教师对该项工作认可态度及推行效果评估的外在表现，因此有内在的关联性。其次，教师的认知态度与累积执教时间呈显著正相关，即累积执教时间越久的教师对推进大中小学思政课一体化越了解，T8老师具有28年的执教经验，"我从一毕业就当思政课教师，随着任教年龄的增长，我感觉一体化工作的推出和推进非常必要。28年以来，我们的思政课教学内容真的应该从小学开始逐学段进行一体化的认真梳理，否则太难教了"。

二、大中小学思政课一体化建设的影响因素

1. 作为影响因素的教学环境水平

　　大中小学思政课教师眼中的教学环境水平等是影响大中小学思政课一体化的重要因素。据表2-3的数据显示，大部分受访思政课教师认为现有师资"基本可以"和"完全可以"满足大中小学思政课一体化的需要。L1说："我们区不论基础教育还是高等教育都严格按照市里和教育部规定，配备思政课师资，只高不低。基础教育我们实行小班化和走班制，教师资源足够用；高等教育严格按照师生1∶

350配比,还高于这个比例。"同时绝大部分教师认为学生"愿意"和"非常愿意"接受一体化工作。T5老师表示,"学生不要太喜欢,自从我们区推进一体化工作后,学生学习省了好多劲,好多重复性的内容在不同学段得到了较好地梳理,不用再重复学了"。在课时数设计与配套资源方面,大部分教师都认为其能够满足本区一体化教学的要求,这体现出A区作为教育大区的优势地位。

表2-3　教学环境水平统计结果

信　息	类　别	频　数	百分比(%)
现有师资能否满足一体化教学的要求	完全可以	304	34.1
	基本可以	411	46.1
	少部分可以	126	14.1
	不可以	21	2.4
	不清楚	29	3.3
	合计	891	100.0
配套资源能否满足一体化教学的要求	完全可以	273	30.6
	可以	460	51.6
	不清楚	30	3.4
	少部分可以	119	13.4
	不可以	9	1.0
	合计	891	100.0
课时数设计能否满足一体化教学的要求	完全可以	313	35.1
	比较可以	381	42.8
	不清楚	50	5.6
	比较不可以	101	11.3
	完全不可以	46	5.2
	合计	891	100.0

续　表

信　　息	类　别	频　数	百分比(%)
教师认为学生对一体化教学的态度	非常愿意	379	42.5
	愿意	403	45.2
	不愿意	5	0.6
	无所谓	57	6.4
	不清楚	47	5.3
	合计	891	100.0

进一步将教学环境水平的各要素与其他信息进行相关性分析发现：一方面，师资水平与认知度之间呈正相关，即师资水平越高的教师对推进大中小学思政课一体化的认知度越高；另一方面，师资水平、学生积极性、课时数满足度、配套资源这四个变量彼此间呈现显著的正相关关系。T9老师认为，"虽然我在基础教育学段任教，但教学只是我的一块任务，我的专业研究涉及打通大中小学学段的思政课内容和教法，越研究越感觉有必要，而且对我的教学也有帮助"。在这四个变量中，师资水平、配套资源反映了课堂外部的教学环境水平，学生积极性、课时数满足度则反映了课堂内部的教学环境水平。这些变量都统一在教学环境水平的内涵之中，因此彼此间呈现正相关性。

2. 作为影响因素的学段交流度

跨学段之间的交流程度，是影响大中小学思政课一体化的重要因素。A区教师在学段交流方面的信息如表2-4所示。在客观数据方面，57.5％的受访教师表示"较少"或"无交流"；在主观需求方面，超过半数的思政课教师具有"强烈"和"非常强烈"的交流意愿。两组数据的对照说明：不同学段思政课教师在现实中的交流频率非常低，但他们主观上的交流意愿却非常强烈，主客观方面形成了巨大的"鸿沟"。究其原因，T3老师认为，"我们除了年级备课组备课之外，根本没时间交流，更别说跨学段交流了，基本上没有过。但实行一体化工作之后，区里给我创造了跨学段的交流平台和机会，我们都觉得这个做法非常好，能让我们加强交流，取长补短"。

表 2-4　学段交流度统计结果

信　息	类　别	频　数	百分比(%)
交流频率	非常频繁	101	11.3
	频繁	278	31.2
	较少	447	50.2
	无交流	65	7.3
	合计	891	100.0
交流意愿	非常强烈	167	18.7
	强烈	446	50.1
	无所谓	55	6.2
	较小	203	22.8
	无意愿	20	2.2
	合计	891	100.0

通过检验交流频率和交流意愿与其他信息的相关性发现：第一，交流频率与交流意愿之间存在正相关关系。由于交流意愿是主观需求，交流频率是实然层面客观行为的反映，有高频率交流行为的思政课教师必然有较高的交流意愿。第二，累积执教时间、年龄段与交流意愿、交流频率呈负相关关系。即越年轻、工作时间越短的思政课教师，其跨学段进行交流的意愿越强、频率越高。第三，职称水平与交流意愿、交流频率呈负相关。即职称越高，进行跨学段交流的意愿和频率越低。T6老师的观点具有代表性，他说："我都是教授了，职称已经到顶了，该拿到的荣誉也拿到了，只想认真上课和做研究，其他的不想过多参与。"

3. 作为影响因素的教师特征

在教师队伍的个人特征中，任教学段、专职化水平是影响大中小学思政课一体化的重要因素。对配套资源、专职化水平、任教学段之间的相关性进行分析发现：第一，专职化水平与对教学环境的评价呈负相关，即专职化水平越高，越认为配套资源无法满足大中小学思政课一体化的需求。第二，任教学段与教学环境的评价呈负相关，即任教学段越高，越认为配套资源无法满足大中小学思政课一体化的需求。这与不同学段的师资队伍的认知有关。通过深度个案访谈得知，小学学段大多是兼职思政课教师，课业压力相对较低，有较为充足的时间和资源进行思政课教学；而初中和高中思政课教师的任务较重，有中考和高考指挥棒的压力，就像T6老师认为的"我们高中因为有高考的压力，每个老师都感觉学校和区里并没有给我们配备足够多的资源，即使客观上配足了，我们仍然觉得应该要更多"。大学的情况与中学不同，大学教师的批判精神是导致他们认知偏差的重要因素。

4. 作为影响因素的客观外部条件

在推进大中小学思政课一体化实践的过程中，除教师群体结构外，还存在教育部门、学生、家庭等一系列客观条件的影响。基于此，我们将客观条件分为消极方面的困难和积极方面的可行性。对于消极方面的困难，以"您认为推进大中小学思政课一体化存在的障碍"的问题作为分析对象。由数据可知，被访者普遍认为推进大中小学思政课一体化的障碍排在前三位的是教师知识储备不足和结构不完善、大中小学学段衔接难度大以及培训不足（见图2-2）。这三个方面的障碍与上述群体结构因素的分析较一致，其次才是教育资源壁垒、家长配合度的问题，最后是学生积极性、教育部门重视度和经费资助的问题。

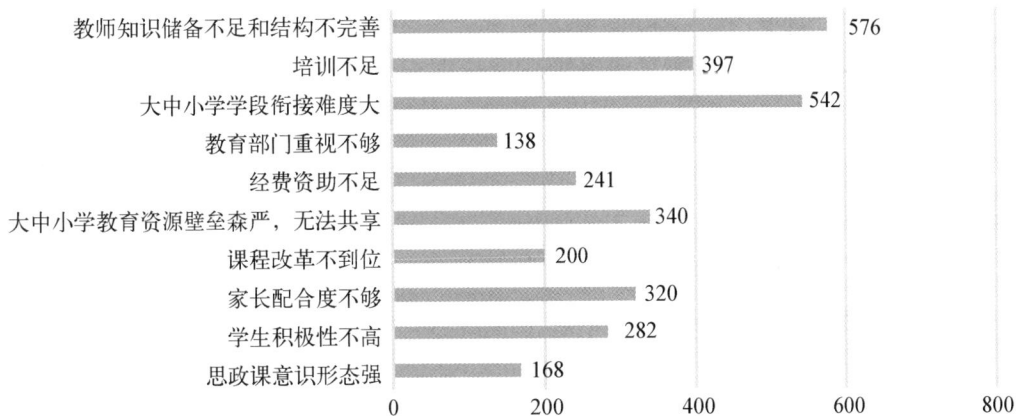

图2-2　推动大中小学思政课一体化存在的障碍

对于积极方面的可行性，通过对"您认为推进大中小学思政课一体化的可行条件"的问题进行分析。图2-3的数据表明，大中小学教育资源进一步打通是最重要的可行性条件；其次为国家与市级相关教育部门的高度重视；再次为课程改革举措支持以及家长的配合。排在后几位的可行性条件是区级实践经验的支持、学生的配合和教育经费的支持。深度访谈结果可以解释上述现象，T1、T12、L3 老师均表示，思政课具有特殊性，跟其他课程不一样，因为它具有政治性，所以不仅需要教师主体的努力，也需要国家的高位支持、社会的理解，以及家长和学生的配合。

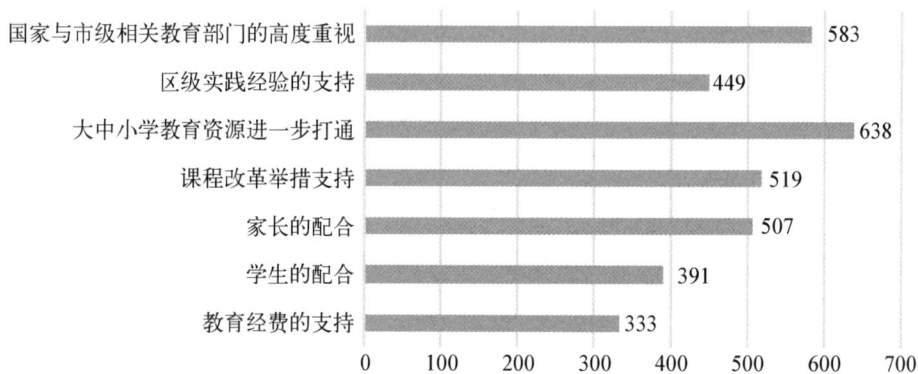

图 2-3　推动大中小学思政课一体化的有利因素

第四节　回归分析

上述研究揭示了大中小学思政课一体化推进过程中各独立要素间的相关关系，但尚缺对一体化推进总体效果影响机制的挖掘。为达到这一目标，本文在综合各要素的基础上构建回归模型，探究教学环境水平和教师交流度对一体化教学推进总体效果的影响。

一、变量界定

1. 自变量

思政课教师是推进大中小学思政课一体化的一线人员与核心要素。从思政课教师的视角切入，评价大中小学思政课一体化工作的推进程度，教师对项目的了解程度、支持态度与参与情况，这是项目推进效果的最直观反映。

将问卷中教师对推进大中小学思政课一体化的认知度、参与度和支持度的结果累加，得到新的等距变量"一体化推进效果"，并将之作为模型的因变量。该变量为正向赋值,值越大说明在教师眼中推进大中小学思政课一体化的效果越好。经统计,教师对于推进大中小学思政课一体化的效果评估均值为 9.85,这说明教师的积极性普遍较高,大中小学思政课一体化教学在 A 区的推进,取得了较好的效果。

2. 因变量

推进大中小学思政课一体化工作的重要目标就是要打破学段壁垒、畅通交流机制。教师的学段间交流程度或许是影响大中小学思政课一体化教学推进效果的因素。基于此,将教师对推进大中小学思政课一体化的交流意愿、交流频度的结果累加,得到新的连续变量"学段交流度"。学段交流度在本书中体现为主观的交流意愿和客观的交流频度。经统计,教师的交流度水平均值为 6.07,说明教师在教学过程中交流度总体偏低。符合上述访谈内容和数据特征。

推进大中小学思政课一体化工作离不开充足的物质保障。教学环境水平可能会影响大中小学思政课一体化教学的推进效果。因此,将有关师资水平、配套资源、课时数、学生接受度的结果累加,形成新的等距变量"教学环境水平"。教学环境水平在本书中体现为作为教学载体的资源与课时,以及作为教学主体的师资水平与教学对象的学生接受度。经统计,教学环境水平均值为 15.29,说明教学环境水平总体偏高。

3. 控制变量

为考察性别、年龄等人口学因素,以及职称、任教年限等社会要素,是否也会影响教师对推动大中小学思政课一体化效果的评价,我们引入性别、年龄段、最高学位、任教学段、专职化水平、教师职称、累积执教时间 7 个控制变量。其中,性别为定类变量,男和女分别赋值 1 和 2;最高学位为定序变量,学士以下、学士、硕士、博士分别赋值 1、2、3、4;任教学段为定序变量,小学、初中、高中(含职高)分别赋值 1、2、3;专职化水平为定序变量,专职思政课教师、行政人员兼职、其他学科兼职分别赋值 3、2、1;教师职称为定序变量,未评、初级教师、中级教师、高级教师、正高级教师分别赋值 1、2、3、4、5;累积执教时间为定距变量,由 2020 减去工作开始年份得出。[1]

二、模型构建

我们采用 SPSS21.0 作为统计分析工具,使用广义线性模型(Generalized

---

[1] 各控制变量已在基本信息部分进行统计描述,此处不再赘述。

Linear Model，GLM)进行回归分析。本书采取分层回归的方式，首先纳入自变量和控制变量产生模型 1；然后纳入教学环境水产生模型 2；最后纳入学段交流度产生模型 3，最终为：

$$Y = C + \alpha X_i + \beta X_j + \gamma X_k + \varepsilon$$

其中，Y 指教师眼中推进大中小学思政课一体化的效果，C 代表常数项，X_i 是控制变量，X_j 是教学环境水平，X_k 是学段交流度，α、β、γ 是系数，ε 为随机误差项，通过建立层层嵌套的 3 个模型来考察变量之间的相关性。

三、回归结果

回归分析的结果如表 2-5 所示。

表 2-5　回归分析结果

变　　量		模型 1	模型 2	模型 3
自变量	教学环境水平		0.281*** (20.889)	0.220*** (15.435)
	学段交流度			0.251*** (9.785)
控制变量	性别	−0.332 (−1.465)	−0.214 (−1.125)	−0.176 (−0.998)
	年龄段	−0.095 (−0.962)	−0.130 (−1.606)	−0.036 (−0.462)
	最高学位	−0.033 (−0.346)	−0.035 (−0.451)	−0.019 (−0.259)
	任教学段	0.210 (1.541)	0.304*** (2.665)	0.260 (2.397)
	学校性质	−0.098 (−1.519)	−0.008 (−0.153)	−0.017 (−0.330)
	岗位性质	0.178** (2.107)	0.191*** (2.746)	0.131** (0.199)

续　表

变　　量		模型 1	模型 2	模型 3
控制变量	教师职称	−0.013 (−0.177)	−0.015 (−0.246)	−0.021 (−0.362)
	累积执教时间	0.012* (1.641)	0.013** (2.235)	0.014** (2.482)
Intercept		11.679 (16.611)	6.198 (9.802)	5.223 (8.576)
R-square		0.014	0.341	0.405
Sig		0.136	0.000	0.000
Df		8	9	10
ANOVA		1 755.147	1 755.147	1 755.147
N		891		

1. 专职化水平、累积执教时间与大中小学思政课一体化呈正相关关系

控制变量中，专职化水平和累积执教时间与教师感知的大中小学思政课一体化的成效有显著相关性。其中，专职化水平与教师的积极度呈正相关，即与非专职的思政课教师相比，专职思政课教师的积极性更高。访谈结果揭示了因果机制，这在很大程度上是因为专职思政课教师与兼职思政课教师相比，能够更加专注地进行教育教学活动。累积执教时间与教师积极性呈正相关，即与累积执教时间少的思政课教师相比，累积执教时间多的教师积极性更高。T5 老师的观点可以解释这一现象："我教政治课快二十多年了，感觉是有很多问题在里面。所以每一次有课改要把课程质量提上去，我觉得积极一点没什么不好。"这说明思政教育的年限赋予了教师参与课程改革的积极性，老教师经验丰富，对一体化的教学方式接受度比较高，因此呈现出正相关关系。可见，思政教育是一个需要时间积累的事业，对教师的长期培养，对推动思政教育推陈出新具有重要作用。

同时，年龄、性别、学位、学段、职称等其他控制变量均与教师评估的一体化推进效果无相关关系。这说明，影响推动大中小学思政课一体化的因素主要是与思

政教育岗位本身密切相关的因素,而与教师自身的个体属性、自然属性和社会属性相关性不大。因此,推进大中小学思政课一体化需要聚焦岗位因素,从优化岗位环境、资源方面着力。

2. 教学环境水平与大中小学思政课一体化呈正相关关系

自变量中,教学环境水平在模型2、模型3中都对教师评估的一体化推进效果呈现正向影响,即教师所处的教学环境越好、教学水平越高,教师认为一体化的推进效果越好。这与主管部门领导L2的判断一致:"我们区雄厚的教学基础与20多年的教育改革经验积累,增强了思政课教师的信心,他们对区里的工作也非常支持。"这说明优质的课内课外资源既可以成为推进大中小学一体化建设的坚定物质基础,也可以成为思政课老师参与一体化建设的信心来源。可见,只有为教师提供良好的教学环境,教师才能积极地配合一体化工作。

3. 学段交流度与大中小学思政课一体化呈正相关关系

与之类似,学段交流度在模型3中与教师评估的一体化推进效果呈显著正相关,即学段交流度越高的教师越认可大中小学思政课一体化建设。T10老师表示:"如果各个学段的教师连面都碰不到,还是各自教各自的,那一体化教学该从哪里体现呢?"在教师心中,跨学段交流是一体化建设的最直接体现,因此显著地影响着一体化的建设成效。跨学段交流行为是一种对教育壁垒的突破,可以有效地促进资源的融合和思想的交流,为教师提供业务上的指导与支持。

第五节　结论与建议

本书采用定性和定量相结合的研究方法,以A区思政课教师为样本对大中小学思政课一体化进行实证研究。研究结论不仅以实证的量化数据和深度个案访谈给予当下推行的大中小学思政课一体化推行效果以科学的"实然"描述,而且为学界的理论研究和应然研究提供数据佐证,并在此基础上深入挖掘对大中小学思政课一体化产生影响的重要因素,为其深入推进提供科学支撑和政策建议。

一、 强化教师队伍，重视老资历专职化教师培养

实证结论指出，任职时间较长和专职化水平越高的思政课教师，对大中小思政课一体化推进效果的正向效应越大，行动越积极；同时，年轻的思政课教师拥有更强烈的交流意愿，他们是推动该项工作的重要力量。这需要教育主管部门充分调动区域内科研力量，对大中小学思政课一体化进行科学研究，并在科学研究的基础上制定老中青思政课教师的"传帮带"机制和长期培养计划。针对区域内思政课教师群体存在的特殊情况，例如中坚力量相对缺乏的现象，应尽快培养中青年教师骨干成员，构建科学合理的思政课教师梯队。同时，现阶段推进大中小学一体化的最大困难在小学学段，因为该学段的专职思政课教师相对不足。其他学段基本上是专职思政课教师，他们在积极性、专业水平、教学能力等方面都显著优于兼职教师，这造成小学与其他学段之间的断层现象。由此，有必要增设区域内小学专职思政课教师岗位，提高专职思政课教师在思政课教师群体中的占比，逐步提升小学与其他学段专职思政课教师的比例和专业水平，消除断层现象，实现专业水平的一体化。

二、 提升教学环境，实现资源配置的共建共享

实证结论指出，教学环境水平对大中小学思政课一体化的推进效果存在显著正向影响。因此，要做好课程体系的整合、课时数的设置与课程内涵的挖掘，既让课程体系在一体化的过程中满足教学的基本需求，也兼顾学生对课程知识的接受度，真正让大中小学思政课一体化的推进，提升本区域的思政课教学效率和效果。同时，在长期计划的基础上，教育主管部门应进行顶层设计，统筹规划区域内的资金、组织、平台、人才等要素，进一步畅通家庭、学校、社会之间的关联渠道，改变以学校等建制化单位为主体配置思政课教育资源的思路，而是从家庭、学校、社会和区域之间资源配置的共建共享机制出发配置资源，实现"大一体化格局"。

三、 完善教师培养体系，优化教师知识结构

思政课教师知识储备不足和结构不完善，是推进大中小学思政课一体化的最

大障碍。无论是从主观需求还是客观条件上，推进大中小学思政课一体化的首要任务是制定区域内贯通大中小学各学段的一体化思政课教师培养体系，提升思政课教师的师资水平。这就需要制定并完善科学长远可操作的培养计划，既采取荣誉及职称评选的政策倾斜作为激励手段来提升其水平，也用阶段性的培训选拔来充实思政课教师骨干力量，例如筹划并实施低学段思政课教师在高学段学校的进修计划，最终实现教师知识结构优化的目标。

四、打破学段壁垒，建构一体化交流平台和机制

学段之间衔接难度大和学段交流不足，是推进大中小学思政课一体化过程中的最大短板。这根源于大中小学之间的天然学段壁垒对思政课教育资源、人才和平台等要素一体化整合的阻碍。由此，需要加强体制机制探索，打破学段壁垒，做好学段衔接工作，为区域内大中小各学段的思政课教师提供更多的交流机会和渠道。首先是跨学段一体化。打造区域内贯通大中小三个纵向学段的思政课教师交流平台，配置专用于平台运作的教育资源，形成日常化的跨纵向学段的交流机制。其次是跨内容一体化。以一体化创新工坊等平台为依托，定期举办教学研讨、方法提升和专家互动等活动，加强横向单独学段和学校的思政课的政治、经济、哲学、文化等内容模块的一体化交流。最后是跨主体一体化。超越原有的只关注"教师—学生"层面的教学相长式交流，在一体化视角下要加强"专家—教师"以及不同学段"教师—教师""教师—学生"和"学生—学生"层面的交流，让不同学段思政课教师、学生与专家就教学方法、教学内容、知识学习、学生特点等方面形成常态化的跨学段交流机制。

第三章

路径与要求：单元教学设计的方法论

第一节　指向新课程、新课标、新教材的教学路径

　　"双新"的统筹实施与高考综合改革的有序推进共同构成了新时代推进普通高中育人方式改革与转向的重要推力。自 2018 年统编教材试教试用后,2019 年到 2022 年,全国各省、自治区、直辖市分批次陆续从起始年级开始实施"双新"。2020 年,教育部遴选了首批普通高中"双新"实施国家级示范区和示范校,作为践行"双新"理念,引领"双新"潮流的改革试验田,希冀为"双新"理念的落地生根、开枝散叶积累宝贵经验。一大批改革先驱示范区和示范校自此踏上了"双新"之旅。其中,上海市杨浦区作为统编思想政治教材试教试用区和"双新"国家级示范区,始终走在贯彻落实"双新"理念的最前沿。在"双新"推进实施中,杨浦区牢牢紧扣高中思想政治学科核心素养,深入开展体现新课程理念、落实新课标要求、承载新教材内容的课堂教学实践,立足于单元教学设计的创新试验与总结反思,将其作为落实"双新"实践与示范区建设的主要场域,在摸索探究切实可行的"双新"教学路径征程上踔厉奋发。

　　立德树人根本任务的最终落实,归根结底是要落到课堂中,落到每一节课上。上好每一节思政课不仅是每一位思政课教师的天职,也是思政课保质保量发挥作用的关键所在。作为一种指向新课程、新课标、新教材的全新教学路径,有别于以往课改教改的特点在于,"双新"理念指导下的单元教学,是对以往教学理念的传承与创新,并在此基础上进一步对传统课堂教学路径进行有效重构。理念的更新与路径的重构并不轻松,首要工作即是证明为何单元教学能够体现"双新"之"新"。

一、从单课到单元的教学理念转换与路径重构

　　课是一节一节上出来的。教师作为课堂教学主体,其备课逻辑通常以课标为遵循,以教材为依托,从"教教材"到"用教材教",围绕教材这一原点,从教师主体出发,构建起了师生二元互动的教学共同体。

这种二元互动关系的持续发展,伴随着学生这一学习者中心思想而不断深入人心,课堂教学双主体的提法愈发受到一线教师认同,也得到了广大专家学者的关注与思考。

在从学习者角度出发重构教学的呼声日渐高涨的背后,是重构课堂关系的逻辑转换。学生在获得了与教师平等互动地位的同时,也意味着教师不能继续固守"一亩三分地",仅做到"用教材教"已经不能满足新时代对高质量课堂教学的大量需求。在这一背景下,上海市教委教研室提出单元教学设计的思路,从单课到单元教学的理念转换呼之欲出。

诚然,单元教学的教学理念并没有摒弃单课教学的具体实施,而是通过单元整合的方式,从学习者角度出发,重新诠释"学习发生"的真实图景。基础教育的一线教师普遍认为,对于心智尚未完全成熟的未成年人而言,基于单元开展教学更有利于帮助学生建构较为完整的内在知识框架与体系,从而使学生更有效地掌握学科基础知识、基本技能和基本方法。

与其他课程并不同,思政课的师生关系呈现出了"主导与主体相互促进"特征,也即,以教师为主导,以学生为主体,这也就是习近平总书记所提及的"八个相统一"中"主导性和主体性相统一"原则在思政课堂教学的具体体现。

因此,我们聚焦研究高中思政课单元教学设计的时候,要充分考虑"教师主导与学生主体"关系已然被重构这一前提,在考虑学科知识内在逻辑的同时,更要强调学科核心素养的螺旋式渗透,同时也要把习近平新时代中国特色社会主义思想、社会主义核心价值观等中国特色社会主义"四个自信"等内容有机融入课堂教学。

这种全新的立足于"教师主导性与学生主体性相统一"的思政课的建设,一方面依然需要思政课教师深耕每一节课"自留地";另一方面,也更需要思政课教师在各方面教研力量的引领和帮助下,在单元教学理念的具体指导下,把一节一节单课汇联串并成单元的整体图景,为满足对高质量思政课的持续旺盛需求,提供一种为改善课堂教学"供给侧"的"结构性创新"的可能路径。

二、整体性、序列化的单元教学实践特征

对高中思政课的单元教学设计观的把握,需要立足全七册教材的整体视野,

也需要重构单元具体教学路径,并以教材内容为承载,立足学科核心素养,呈现序列化的单元设计脉络,从而将"每一节课"贯穿起来有机构成"每一个单元"。

1. 践行"双新"理念,把握学科大概念进行整体性呈现

高中思政课包括七册教材,内容范围涉及中国特色社会主义理论、经济学、社会学、政治学、法学、国际关系、法律、逻辑等诸多学科门类,内容庞杂却构思严密,全七册教材均以第一册必修1《中国特色社会主义》为统辖,每一册均围绕有机融入中国特色社会主义理论"入耳入脑入心"而各自展开。

教材本身根据学科知识的展开逻辑已经设计安排了教学单元,那么单元教学是否遵循教材单元即可? 自成一体的教材单元,如何凸显单元教学的"双新"理念呢?

我们认为,围绕学科大概念统摄高中思想政治学科七册教材单元设计的整体规划,能够更好地体现单元教学的"双新"实践特征。学科大概念指向学科底层逻辑与本质特征,不同学科门类的知识体系大多是以若干个核心大概念为原点,发散开去,纵横交错而成。一直以来,思政课教学直面宏大叙事的学科大概念,这本就是思政课教学的标志性特征之一,学科概念的讲授不能脱离文本语境,也不能脱离七册统编教材的课程体系,还要考虑螺旋上升的递进逻辑,结合不同认知起点和学力水平的学情,对不同大概念之间进行排列组合。

大概念往往并非孤立存在,而是需要通过具体的学科知识和教材内容进行阐释与说明,这也为学科核心素养在具体真实情境中的考核提供了知识内容依据。基于教材编写考量,分学科、分主题、分版块所呈现的知识逻辑,有时恰恰割裂了学科知识的内在统一性。因此,为了更好地落实培养学生解决真实问题的学科能力,往往需要掌握建立在不同主题叙事逻辑基础之上的知识体系,以学科大概念为原点,把握教学内容的内在统一性,并外化为单元的整体性。

2. 把握教材编写意图,以单元设计序列化重构教学路径

读懂教材,理解教材意图,分析教材不同内容栏目的逻辑与内涵,这是教师教学和学生学习的逻辑起点。教师教学逻辑的"序列化"展开,不仅要立足教师的教学逻辑,也要充分考虑学生的学习逻辑。

基于学科大概念的单元教学,不仅是对学科知识和教材内容的重新规划,而且也需要思政课教师在充分领会教材编者意图的基础上,活用善用用好教材的教学栏目,并且融入教师自身教学特色和地域化的本地特色,把平面化、静态性的教

学知识逻辑转化为立体化、动态性的课堂教学逻辑,从某种意义上来说,这种教学逻辑的转化也正意味着单元教学设计所带来的序列化教学路径的重构。

序列化教学路径重构的成功与否,关系到学科大概念能否得到充分展开,关系到学科核心素养能否真正培育和落实。可以说,序列化教学路径重构是构建高中思想政治学科的综合性、活动型学科课程的关键一步,是跨越从单课教学到单元教学的关键一步。

第二节　落实"双新"理念的单元教学设计实施要求

高中思想政治学科单元教学实施要深化落实"双新",要以课程标准为依据,在综合采用多种教学方式的基础上,通过单元教学设计的推进实施,不断发展学生思想政治学科核心素养。在总结现有杨浦区高中思想政治学科单元教学实践的基础上,本书主要提出三个方面的具体实施要求。

一、落实学科核心素养,凝练学科大概念

新课标说明,中国学生发展核心素养是党的教育方针的具体化、细化。高中思想政治学科核心素养主要包括政治认同、科学精神、法治意识和公共参与,是学科育人价值的集中体现。

高中思想政治学科的四个核心素养也不是孤立存在的,根据新课标要求,四个核心素养之间存在相互关系,在内容上相互交融,在逻辑上相互依存,是一个有机整体。为了落实学科核心素养这一矛盾体,在承认上述矛盾关系的同时,我们通过凝练学科大概念的方式,将其作为实施单元教学的有效突破口,把无形的辩证统一的学科核心素养,落实到有形的、具象的学科大概念,并通过整体性、序列化的单元教学有序展开推进,彰显其学科核心素养的育人价值。

比如,必修3《政治与法治》一册分为三个单元,分别是《中国共产党的领导》《人民当家作主》和《全面依法治国》,三者有机统一于我国社会主义民主政治的伟大实践。这里所提及的"三者有机统一"的三个概念都是学科大概念。考虑必修1

《中国特色社会主义》的统摄作用，则可以将这一"社会民主政治的伟大实践"作为"中国特色社会主义伟大实践"的一个重要组成部分，而中国特色社会主义伟大实践则是中国特色社会主义理论逻辑、历史逻辑与实践逻辑相统一的结果。因此，不同教材中的学科大概念之间的内在联系，可以基于不同年级学生的不同要求，有的放矢地分层展开：在高一年级授课时可以着重讲授"党的领导"大概念在必修 1 和必修 3 两册教材中所承担的不同角色定位；在高三年级等级考复习授课时，则应让学生把握"中国共产党的实践逻辑"是如何将"中国特色社会主义的理论逻辑与历史逻辑"统一起来的。

二、忠实教材基本内容，实施内容模块化

新课标中明示，课程内容是以七个模块的方式呈现七册教材的课程内容。在这一中观层面"模块"的设计中，明确了教学内容与要求，强调了内容与活动相互嵌入的组合方式，凸显了课程内容结构化的课标要求。

我们认为，课程内容结构化的本质即在于，教学知识内容与教学活动方式的统一，尤其强调社会实践活动方式。因此，实施单元教学必须体现教学内容的模块化要求，一方面强调教学内容内在逻辑的一以贯之，另一方面则要通过理论结合实践的方式，落实活动型课程的构建。在单元教学设计中，也要渗透分册教材"模块"的设计逻辑，集"教学议题、教学内容、教学方式、实践活动、单元作业"于一个"标准模块"之中，形成一个可供操作的"教学工具包"，开展长周期、大容量、可接受强度的单元教学。

比如，以"创新"为学科大概念，所要关涉的教材涉及 4 册，包括经济学、哲学、法律以及思维科学等领域，它们有：必修 2《经济与社会》（第二单元第三课第一框《坚持新发展理念中的"创新的新发展理念"》）、必修 4《哲学与文化》（第三单元第七课第三框《弘扬中华优秀传统文化与民族精神中的"创造性转化与创新性发展"》）、选择性必修 2《法律与生活》（第一单元第二课第二框《尊重知识产权中的"保护知识产权是促进创新发展的重要法律机制"》）、选择性必修 3《逻辑与思维》（第四单元《提高创新思维能力》）。我们在高三等级考复习阶段，可将上述涉及"创新"概念，却分散在不同教材分册中的知识内容整合成一个内容模块，比如基于议题"我国如何建设成为创新型国家?"开展单元教学活动。在这个内容模块工

具包中,单元实践活动和单元作业的设计必须立足于真实复杂情境,以综合性学科任务的面貌提供给学生,教师在指导学生在单元活动的设计实施中,逐步完成学科任务,其评价也针对单元活动与作业的整体完成效果。

三、 推动教学路径转向,构建活动型课程

新课标说明,强调学生的活动体验是其思想政治学科核心素养发展的重要途径。"课程内容情境化"对思政课教学提出了新的挑战。

学科内容的模块化,离不开活动设计的结构化。综合性、活动型学科课程的构建,正是对这一挑战的回应。面对真实复杂情境,学生在教师指导下参与单元活动并积极完成学科任务,通过对活动参与任务与最终成果的过程性和终结性的评价,反馈对学生必备品格和关键能力的评价。

学科核心素养的培育,必须坚持思政小课堂与社会大课堂的相辅相成。社会实践活动成为更广阔的"大课堂",不仅是从时空上对传统单课的重大突破,也要求师生双方都做好教与学的路径转换。学生只有在社会实践和考察的历练中,才能体悟从教材和课堂中所学到的学科知识内容,为内化于心、外化于行提供充分的实践条件。这也是"双新"视野下单元教学设计的题中应有之义。

比如说,在开展以生产劳动与社会实践相结合的单元教学设计,其活动策划与设计既要立足于教材,也要具体结合当地实际,更要充分动员与发挥学生及其家长中的有效教育资源。在开展以"议题:劳动对实现人生价值有何意义?"为主题的单元教学活动设计中,既要充分梳理把握必修4《哲学与文化》中有关"劳动创造了人与社会"的唯物史观理论知识部分,也要聚焦于"弘扬劳模精神 实现劳动价值"的劳动价值观部分,并且在课前、课中、课后分别组织学生分小组对所在地的劳动模范、大国工匠、职业院校等进行参观考察访问。教师在此过程中,须参与每个小组的准备活动,与学生一起研究其正在面对的情境,并布置任务,供学生完成。各小组学生在访谈调研、问卷调查、实地观察走访等各类活动的基础上,进行整理、汇报、总结、分享等,并最终在组内互评和教师评价中,得到有效反馈。这一劳动育人融入思政课的有益尝试,是构建活动型学科课程的不错典范。

第三节 理念的转换与路径的重构

指向"双新"的高中思想政治学科的单元教学是落实学科核心素养，构建综合性、活动型学科课程的关键一招。转向单元教学的教学实践，首先是教学理念的转换和教学路径的重构。高中全七册统编教材的编排，主要根据课标要求，分模块进行呈现，每一模块自成一体，分别为落实学科核心素养提供不同的教学内容和学科知识支撑。

在单元教学设计的实践操作中，首先，我们建议要确立若干个学科大概念作为单元教学构设的逻辑原点，并综合教材有关内容组成模块，在模块中，紧紧围绕教学议题，分别设计教学内容、教学方式、实践活动、单元作业并进行整合。教学议题的选取与设置，可以参考课程标准与教材，也可以根据课程标准要求自行设置。通常而言，议题须反映学科大概念的基本内涵并能够整合整个单元的基本框架与逻辑。此外，单元实践活动与单元作业的设计也须与教材中的《综合探究》或《探究与分享》《阅读与思考》栏目进行有机融合，做好思政小课堂与社会大课堂的衔接融合，而不是一味地追赶时髦，将活动和作业设计都趋向于社会实践类作业而忽视了经典阅读、时事课堂等常规项目的深度挖掘。

最后，单元教学的逻辑与单课教学的逻辑之间并不是简单的整体与部分之间的加总关系。单元教学的逻辑必须突破单课 40 分钟的限制，并且要在教学逻辑之外通盘考虑活动设计与作业设计逻辑的整合，这就需要教师在精心备课的同时，也要参与课前设计策划与课中监控督导以及课后评价总结的每一个环节。对于教师个体来说，压力较大，要求较高，因此可以校内备课组、教研组或者跨校组合等形式形成联合备课组，共享资源，手拉手备课，发挥集聚效应，以区域为单位推进单元教学"由点到面"的系统化推进。

第四章

活动与作业：单元教学设计的一般思路

第一节　从知识到素养：学科观到课程观的转型

一、学科核心素养下教学面临的挑战

从"教学目标与设计"到"教学模式"，再到"基于标准的教学与评价"，上海市经过30多年在课堂教学改革发展中的探索与实践，迎来了从学科向课程视角的转变。从学科走向课程，意味着教育性与学科性的辩证统一，更加凸显了教育性的地位，核心素养的概念也就随之而出。

从中国学生发展核心素养的提出，一直到各学科核心素养的提出，这是一个从中国学生发展的共性要求向各学科课程的个性定位分类分解的过程。在这个过程中，高中思想政治学科核心素养就是本学科为落实立德树人根本任务作出的独特贡献和鲜明标识。

高中思想政治学科核心素养是学生经过本学科课程学习后形成的正确价值观、必备品格和关键能力。首先，正确价值观、必备品格和关键能力是一个整体，是学科核心素养三者的综合表现，不能孤立地看待；其次，正确价值观和必备品格很难通过直接的方式表现出来，需要通过学生在真实的（有意义的）、不同复杂程度的情境中运用关键能力的过程呈现，而这种"运用关键能力的过程"很大程度上表现为学生在真实的（有意义的）、不同复杂程度的情境中发现问题、提出问题、分析问题、解决问题、反思问题的过程。因此，我们在教学中如何推进目标、活动、作业、资源、评价等的结构化设计，使教学呈现系统化的特点，成为我们推进单元教学设计的一个重要原因。

高中思想政治学科作为落实立德树人根本任务的关键课程，"正确价值观先行"是学科的突出特点，无论是学科课程标准，还是统编教材内容，都呈现出这一个特点。"正确价值观先行"主要表现为课标中的素养水平、学业质量水平和内容要求（见表4-1），统编教材编写的基本理念均凸显了马克思主义根本立场、基本

观点、基本原理和基本方法(简称"学科基本观点")。我们可以通过把握单元教材内容主旨,进而凝练蕴含其中的学科基本观点,理解课程标准和教材的这一意图。因此,我们就能感受到,基于学科基本观点的内容学习逻辑与基于学科知识体系的内容学习逻辑有着重要的不同之处。基于学科基本观点的内容学习逻辑更加注重内容表述、课程学习等的系统性,很难通过单一课时教学的叠加得以实现,这也成为我们推进单元教学设计的另一个重要原因。

表4-1 具体要求列举

了解近代中国社会的主要矛盾和历史任务
比较各种政治力量解决中国问题的方案
揭示中国共产党的领导是历史的必然,人民的选择
探寻中国共产党领导人民站起来、富起来、强起来的历程
领悟中国共产党深刻改变了近代以来中华民族发展的方向和进程,深刻改变了中国人民的前途和命运
阐释党的性质、宗旨、指导思想和党员先锋模范作用
坚信中国共产党始终以人民为中心、始终走在时代前列
理解党的政治领导、思想领导、组织领导
阐释新时代坚持和加强党的全面领导
概述新时代党的建设的总要求
简述科学执政、民主执政、依法执政是有机统一的
坚信中国共产党是始终以人民为中心、始终走在时代前列的马克思主义执政党
列举并分析党在不同历史时期所面临的问题和挑战
探究"党如何保持本色、坚持特色、与时俱新"的基本路径
拥护中国共产党的领导,坚信中国共产党是始终以人民为中心、始终走在时代前列、永葆生机活力、朝气蓬勃的马克思主义执政党

因此,随着学科核心素养水平成为衡量高中思政教学的主要标准,课堂教学也带来了新的挑战。

首先,是学校和教师单元教学能力差异带来的挑战。通过调研和听课发现,学校和教师的备课仍然以"框"为结构开展,因"框"与"框"处于同一章节,故而章节内课程内容的联系尚可。然而,教师较少以单元、主体进行结构化课程推进。此外,在教研设计方面,对于以单元为单位的教学设计评选仍然不够结构化。因此,教学内容的结构化研究需要加强。

具体而言,在授课教师中,完全缺失单元教学意识、碎片化开展课时教学的现象较少,但把单元教学设计停留在"口号"层面的现象是存在的。教材主旨是单元教学设计的基本依据;时间和学情是影响不同教师单元教学设计的重要变量。部分教师在教学设计中,表面上呈现出单元教学设计的样态,但实际上对教材的理解停留在只关注知识的层面，使设计缺乏整体感，碎片化感觉明显；部分教师在教学设计中，忽略课时安排和学情的因素，导致单元教学设计停留在"文本"层面，一旦进入真实课堂教学，各种问题迭次出现。在教学设计中，单元活动设计感较强，但是在实际教学中的达成度较低，文本与实操之间存在沟壑。

学科课程的推进"任务书"在学校和备课组层面更多表现为"进度表"或"教师个体教案"，反映出学校教研团队对国家课程校本化实施缺乏经验的积累，在一定程度上制约了优秀教学经验的复制与辐射。因此，国家课程校本化实施需要找到持续积累校本化经验的抓手。

其次，是学生学力差异带来的挑战。在相同的时间段内，让不同学力的学生如何适应相同的学习内容，需要课程实施者对教材的学习内容从功能定位上做出新的规划，以此来解决这一问题。

最后，学生体系化知识框架是必然要求。思政课程之所以能助力实现立德树人根本任务，为学生树立正确的世界观、人生观、价值观，是因为通过思政课堂对这些经验的教授，这些经验一部分来自理论性的知识传统，表现为命题或陈述性知识（又称"言述知识""间接经验"），另一部分来自实践智慧（又称"默会知识""直接经验"），其内涵包括行动、智力和能力。学科核心素养的提出，强调引导学生在接受言述知识的同时更要注重实践智慧的获得，而实践智慧关注的是普遍与特殊的联结，因为其中包含了特殊事实的知识，所以只能由个体从特定的情境、学习经历中获得，即从直接经验中建构。如何在有限的课时内为学生创设必要的活动，提供必要的学习经历，并且将这样的经历以结构化形式呈现，这直接关系到学生学科核心素养的形成。

基于一系列的挑战，我们要主动迎接转变，主动从以"知识结构化习得"的教学导向向以"问题结构化解决"式的教学导向转变。

从教与学的视角来看，"知识结构化习得"的教学导向，是以教师把学科知识结构化教学为特征，以学生知识结构化习得为目的，凸显的是知识性。在这样的导向下，议题的设置、情境的创设、活动的设计都是围绕"知识结构化"来开展的，这样的教与学，使老师对学科知识不断熟悉、教学内容不断反复，逐步形成机械性劳动；使学生对学科知识不断结构化掌握、学习过程不断反复，逐步形成机械性学习。在这个过程中，思政课程的政治性、价值性和学生主体性等被忽视，那么当真实生活中的情境达到高度复杂、问题不断交错呈现的时候,学生就很可能从价值导向上把已经习得的知识结构逐渐抛弃,甚至走到对立的价值面。而"问题结构化解决"式的教学导向恰恰与此相反。在这样的导向下,我们的教学都是对于真切问题的回应,都是基于真实的问题来设置逻辑链式的议题、创设不同水平的结构化情境、设置序列化的活动。在这个过程中,学生是在解决问题、完成任务的目标下,动用一系列用于解决问题的结构化知识,把结构化知识作为工具和手段,来实现问题解决的总目标;在这个过程中,"知识的意义"得以凸显,知识不仅在世界观层面塑造学生,更在方法论中延展、丰富、提升学生的核心素养;在这个过程中,知识与学生是共促向前的,一个个具体的、静态的知识和知识结构在学生解决问题的过程中丰富其方法论路径,一位位学生在运用知识结构化解决问题的过程中明晰知识的意义、洞察知识的内涵、把知识内化于头脑乃至心灵;在这个过程中,不同认知水平的学生完全可以同处一个课堂,完全可以基于问题解决形成共同体,在这个共同体中,他们可以扮演不同的角色,通过问题和任务的解决,实现各自认知水平的增量提升;在这个过程中,学生不断地探寻和调动知识,习得、熟练技能,提升自己的能力水平,从而在一个又一个问题解决的过程中、在一个又一个层次不同的复杂情境中,确立和巩固正确的价值观,生成、提升学科核心素养。

二、课程视域下的单元教学设计

从课程设计的立场看,单元是依据课程标准或课程纲要,围绕主题(专题、话题、问题)或活动等选择学习材料,并进行结构化组织的学习单位。单元向上承接课程目标,向下统领单元内的课时目标、内容、活动、作业、评价、资源等。单元教学设计是课程实施者分解、传递和落实课程目标的关键一环,是统整单元内所有课时目标、各个教学要素的主要手段,是对教学内容"结构化"处理的主要抓手。

从学科教学的立场看,单元是教学过程中相对完整的学习阶段。单元教学设计体现为一个主题在一定时间段的教学计划,单元教学设计的要素有目标、内容、活动、作业、评价和资源等,单元教学设计结构表征为单元教学设计各要素之间的关联、搭配和安排。单元目标是单元教学设计的核心要素,单元目标达成有赖于其他各要素彼此关联所形成的整体,即单元教学设计结构所具有的功能。当单元教学设计结构面对不同基础的学生时,其稳定性就可能随时出现变化,主要表征为目标、内容和时间之间的矛盾。因此,需要课程实施者立足单元视角,聚焦单元目标,结合学情,重新设定单元教学设计各要素的功能,优化单元教学设计结构,甚至立足整个课程调整部分单元的功能及单元之间的关系,在总课时不变的情况下制定针对不同基础学生的单元教学计划,提升教学效益。

从课程实施的立场看,单元是一个包含了知识、能力和活动等的完整学习过程。学生参与单元学习活动、完成作业、完成评价任务、运用学习资源以及所蕴含的思考过程构成了整个单元的基本学习经历。同时,设计诸如涉及场馆、社区和社会活动等多样化的学习任务,将学生的学习置于真实的复杂的问题情境中,关注情境在知识生成及应用过程中的价值,有助于学生学科思想方法乃至学科素养的形成。

进行单元教学设计时,我们应当将单元视为学科和课程之间的桥梁。一方面,学科的目标需要分解为一个个的具体单元来通过教学落实;另一方面,单元是最小的教学系统,从系统与要素的关系来看,单元教学的教法、目标内容、作业、资源、评价等是这个系统中的要素,各个要素通过耦合的方式,支撑单元的运作。为使要素之间耦合发挥最大效用,必须让目标、内容、作业、活动、评价等各要素在单元整体中各得其所,充分发挥自身本职功能,才能保障单元功能运转正常,让单元教学产生"1+1+1>3"框的教学效果。因此,单元教学的目的就是达成一种资源共享、要素匹配、形成合力的效果。

综上来看,系统化课程和系统化教材,呼唤系统化的教学。系统化教学,就是要用普遍联系的观点和系统思维的方法,全面地而不是片面地看待我们的教学,统筹谋划涉及课程要求的各个方面、各个层次、各个要素;就是要有整体观念和战略思维方法,加强顶层设计,从整体上把握和推进教学。单元教学就是落实全局意识、系统意识的教学理念和实施策略。单元是一个相对独立的系统,单元教学的规划设计实质上可以分成规划单元和单元规划两大部分,如高中思想政治必修1教材编写的历时性和科学性特点,就使我们完全可以依托教材现有的逻辑,一定程度上省去了规划单元的过程。接下来就是单元教学的规划和设计,单元教学设计是教师依据学生的认知发展需要,围绕一个单元学习内容在知识、方法与能力、价值观等多个维度的目标要求,从整体上统筹规划学生学习需要建构的核心知识、关键能力和必备品格,凸显教学过程的整体性、递进性、关联性。

我们通过单元教材教法分析,把握单元内容主旨、明确单元核心知识、分析学生认知水平,从而形成核心问题与任务群;我们通过单元教学目标设计,在整体性理解课程目标的基础上,准确设置单元教学总目标,为分解可测量的课时教学目标以及规定课时教学目标在单元教学目标中的地位和作用夯实基础;我们通过单元活动设计,为"问题结构化解决"式的教学提供序列化活动,把思维活动和实践活动有机统一起来;我们通过单元资源设计,为单元任务解决提供全方位、多样化、有层次的情境、工具和信息;我们通过单元作业和单元评价设计,为单元教学目标的阶段性达成和整体达成提供评价方法、评价工具和量表。

在上述单元教学设计的过程中,单元教材教法分析是前提,单元教学目标设计是核心,单元活动、资源、作业、评价设计是具体实施环节。

三、素养导向的高中思政单元教学

上海市思想政治学科课程开展单元教学,归根到底是突出学科核心素养导向。学生的课程学习过程,也是学科核心素养构建的过程。故而,以高中思想政治学科单元教学设计为抓手,推进学科教学实践,上海市着眼学科教学现实问题的解决,厘清对学科单元教学的认识,从"抽象到具体"的视角观察单元教学设计思路,提炼学科单元教学设计的要素层面公约数,以单元作为带动学科教学立体化的"网格",统筹推进、创造条件。

回应这一现实需求,单元教学首先要突出学科核心素养目标;在方法论层面要设计科学教法、力争在课堂调动学生最大积极性。单元目标设计为单元教学设定总的推进方向,各个要素应当齐头并进向着这一目标推进。单元作业设计是打通思政小课堂与社会大课堂的重要渠道,同样也是思政课程在课后的延伸。单元学法是单元教学设计在学习主体和教学对象层面的设定,是实现单元教学目标的主体性要件。单元评价设计是检验教学好坏的先鉴标准,是一项具有预见性的活动。单元资源具有渗透性作用,用充分的资源和多样的形式,在各个环节发挥促进和支撑作用,提振教学效率和学习效能。

高中思想政治学科单元教学设计在不同层次,依次分为单元教材教法分析、单元教学目标设计、单元学习活动设计、单元作业设计、单元评价设计、单元资源设计六章。每章结合教学实践案例,依次呈现各个环节的基本思路,为高中思政课教师提供单元教学设计的一般规格,以提升单元教学效率,实现学生学科核心素养提升。

第二节 单元学习活动设计

高中思想政治学科单元学习活动是单元教学的关键,是单元教材教法分析的目的,是有效达成单元教学目标的具体平台和重要途径,也是开展单元作业和评价的前提和基础。单元学习活动包括学习活动目标、学习活动主体和学习活动内容等要素。在单元学习活动中,单元教学"怎么教"将得到具体的展现和落实,学生也正因为参加了各类学习活动,才能有效提升学科的关键能力和核心素养。

一、概念简释

高中思想政治学科单元学习活动设计是基于单元教学目标,结合单元教材教法分析,系统设计本单元的具体学习活动。学生可以通过参加学习活动,有效达到单元教学目标,从而提升学科的关键能力和核心素养。单元学习活动设计首先要分析、研读与解构单元教学目标,以此生成各个单元学习活动的目标,然后创设适切的单元学习活动形式、流程,巧妙地融入活动内容资源,以此构建学生实现发展的最佳平台。

二、基本依据

高中思想政治学科单元学习活动设计的根本依据是新课标和《教学基本要求》。具体而言,要通过对新课标和《教学基本要求》的分析研究,作出科学合理的单元教材教法分析,并结合学生的实际情况,确立单元教学目标,再将其分解重构为单元学习活动目标,作为单元学习活动设计的依据。

三、任务概要

高中思想政治学科单元学习活动设计的任务可以有多种划分标准,本书所关注的单元学习活动设计的任务设定,主要从如何引导和帮助学生掌握和运用学科知识,提升学科的关键能力和核心素养的角度出发。

1. 了解学习现状

单元学习活动要能够探察学生的既有学科知识与关键能力,掌握其心理特征、必备品格和态度、价值观的现实情况,以此为基础,构建起后续的系列学习活动,并激发学生的学习兴趣。该任务可通过概念学习、情境导入等活动来实现。

2. 构建知识关系

单元学习活动要能够紧紧围绕学习活动目标,引导学生理性清晰地形成对学科知识学习的总体架构,帮助其对后续学习活动产生总体的预览效应。该任务可通过概念学习、原理学习等活动来实现。

3. 掌握运用知识

单元学习活动要能够充分引导学生投入其中,在活动中学习新的知识,将其与已有知识、生活经验和常识等进行有机融合,从而形成新的知识结构,并能灵活自如地调取和运用相关知识,解决具体问题。该任务可通过案例分析、角色扮演、情境探究等活动来实现。

4. 社会实践探究

单元学习活动也可以是在课堂外构建的学习平台,在其中能够引导学生融合本学科知识与其他方面的知识经验并进行综合运用,解决社会中的实际问题。该任务可通过社会调查、参观调研、社会实践等课外实践探究活动来实现。

四、一般思路

1. 确立活动目标与议题

单元学习活动设计首先要将确立的单元教学目标分解重构为单元学习活动目标,以此作为活动设计的依据。在此过程中,要注意两者之间的逻辑关系,科学合理地分解重构,既要重视单元教学目标的统领指引作用,也要充分发挥单元学习活动目标的诠释和演绎作用。

另外,高中思想政治课程是帮助学生确立正确的政治方向、提高思想政治学科核心素养、增强社会理解和参与能力的综合性、活动型学科课程。这就要求单元学习活动设计要努力贯彻议题式教学理念,结合新课标、《教学基本要求》、教材和学生身心发展规律,确立有利于活动目标达成和学生核心素养提升的议题。

2. 创设适切真实的情境

单元学习活动设计需要创设学习情境,充分考虑学生的学习心理感受和体验。首先,创设的学习情境要能帮助学生在其中掌握学科核心知识、培养关键能力与必备品格。因此,要巧妙地创设适切的情境,以此构建起学习活动,在活动中注重学生对具体问题的认知、态度和价值观的初始状态,更要关注学生在活动过程中的变化和需要,促进学生的终身发展。

其次,创设的学习情境要力求真实,杜绝不切实际的猜想和假设,而要尽可能地结合社会生活中的经济领域、政治领域、文化领域的现实情况,选取富有立德树人价值的重要事件或经典案例。同时,可以具体分析学生的个性特点,有针对性地创设情境,努力提供真实的学习体验。

3. 内容与形式统一协调

首先,单元学习活动设计的内容与形式都要根据学习活动目标来确定,并指向学生核心素养的培养。其次,还要力求单元学习活动设计内容与形式统一协调,学习内容决定学习形式,学习形式升华学习内容。学习内容是实质,学习形式是学习内容的外在表现和实践方式,因此,学习活动形式的选取要以适应学习活动内容的有效获取为前提,也要贴近学生,深入浅出,充分调动学生的主体作用。

另外,在选择单元学习活动设计的形式时,要尽可能提高学习活动的实践性,提供丰富多彩的课堂学习活动与走向社会的实践探究活动,以此贯彻综合性、活动型的学科课程特点,引导学生真正做到运用学科知识进行科学思维,提高观察、分析和解决社会实际问题的能力。

4. 注重目标检测与评价

单元学习活动设计还要发挥对学习活动目标进行检测与评价的功能。学习活动目标达成与否是对学习活动有效性最主要的评价,因此,单元学习活动设计要力求做到:通过对学生学习活动中行为表现的捕捉和观测,来反映和印证学习活动目标的达成程度。

具体来说,要优化学习活动设计,探知学生学习活动目标和内容的实现情况。这就要充分发挥教学智慧和快速反应的能力,及时观察学生在学习活动中的状态。学习活动中的生成性问题,本质上就是学习活动效果的真实反馈,应该及时获取、灵活转化,以此为后续学习活动的开展提供参考,进行承接。

第三节　单元作业设计

单元作业设计是单元教学设计中一个重要环节,是达成单元教学目标的重要手段。

高中思想政治学科单元作业设计,是单元教学在下课后、放学后环节的延伸。作业设计既包括教师设置的作业目标、作业类型,也包括如何通过作业方式检验和评价学生掌握学科核心知识要求的程度。单元作业设计应当根据不同学情,科学合理完成设计方案。单元作业设计需要充分调动学生自主学习实践的积极性、能动性,以此提升核心素养。

一、概念简释

中学政治学科单元作业,是依据单元教学目标、课时目标和学生实际情况,设计一系列学习任务集合。

高中思想政治单元作业,依据不同的划分标准有不同的类型。例如:根据作业主体的不同,可以分为个人作业与小组作业;根据作业的形式,可以分为书面作业与实践作业等。

高中思想政治学科单元作业在单元教学设计这个整体当中发挥延展性作用。这种延展性在于两种维度上,一方面是从课堂上到课下的延展、从学校到家庭的延展;另一方面是引导学生从思政小课堂走向社会大课堂的延展工具。

围绕"双重延展",单元作业设计具有"双重功能"。首先,作为课外延展,单元作业设计具有检验属性。它是学生在课堂学习之外完成的任务,通过多种形式的作业,能够巩固学生所学知识、掌握学科技能,检验与反馈单元教学的效果,培育学科核心素养。其次,作为思政课堂的延展,单元作业设计具有实践属性。"绝知此事要躬行",学生学习和掌握学科核心素养,最终还是要内化于心、外化于行,为培养合格的社会主义事业建设者锻炼实践品格。

二、基本依据

高中思想政治学科的单元作业设计是以马克思主义基本观点、公民教育以及社会科学的知识为理论基础,充分结合社会现状与学生生活,结合德育目标,培养学生观察和分析社会问题、作出正确的价值判断与行为选择并积极参与社会生活的思维与实践能力。

三、任务概要

1. 确定作业目标

单元作业目标是教师对学生作业行为及成果的预设。单元作业目标对单元内每一项具体的作业都起着引领与导向的作用,而单元作业目标的实现也是单元教学目标实现的重要保证。同时,单元作业也是检验与反馈单元教学效果的重要途径。只有在单元目标设计下的单元作业目标才是有效的。

2. 从作业主体角度思考作业设计

新课标提出"课程要从学生的实际出发,尊重学生个体差异,切实提高教育的针对性和实效性"。单元作业设计也要符合这一理念,从学生主体角度出发,做到因人而异,因材施教。

在完成单元作业设计时,需要以提高学生知识掌握水平为目标,充分结合学生学情,了解学生的认知发展水平和已有的知识经验,并且在尊重差异的基础上,设计不同层次的作业,以面向不同群体的学生。

单元作业的完成者,也即作业主体是学生。对于具体设计单元作业内容的教师而言,不同层次的作业主体应当针对不同学习能力学生设计。每一位学生在知识储备、学生态度、学习动机、学习能力等方面具有差异性,因此,在设计作业的时候,需要设计不同层次、不同形式的作业,以适应不同学生的需要。

四、一般思路

1. 统筹协调：在作业内容形式之间做到有机统一

作业形式主要指作业的类型，常见的分类有书面型作业与实践型作业、个人完成型作业与合作完成型作业；由此细分还可以根据不同的题型区分作业的类型。作业的内容主要包括作业的组成部分、难度、所需要完成的时间、作业提交的方式等。在"双新""双减"背景下，通过有限时长的课后作业辅助提高学生学科核心素养，需要在形式方面下功夫，统筹练习题与课外实践、个人书面作业和学生合作作业。

作业的难易程度通常与其对应的知识内容在单元中的学习水平相适应。总的来说，可以分为认知识记层面和素养提升层面。处于认知识记层面的学习内容所对应的作业难度是较低的，在练习题当中多表现为"基础题"和"中等题"，主要考察学生对于课程标准要求的课本知识是否"入脑"。素养提升层面的课后作业，考察重点在于学生是否能够运用学科知识来分析、解决现实问题的能力，主要考察学生是否具备正确价值观、关键能力、必备品格。

同时，教师需要明确完成作业的时间。一般而言，书面作业的时间通常较固定，而实践活动类作业的时间周期较长，有些实践活动类的作业属于单元"长作业"，即时间周期会跨越整个单元教学的时间。

2. 建构科学合理的作业评价体系

单元作业的设计，不是教师命制好一套题目或者是设计好一套方案即宣告结束。教师需要在学生提交作业后，根据不同作业类型，进行不同的评价体系标准。在书面作业中，双向细目表一般是比较常用又有效的作业评价工具；而在实践活动类作业中，教师需要设计一套易观测、可描述的评价量表，并在活动之前公布评价量表，来考核学生的作业。

由于对作业的评估属于单元评价涉及的范畴，具体的作业评价将在本章第六节做进一步介绍。

3. 科学优化作业反馈方式

学生在作业当中暴露出来的问题，需要在作业完成后一定期限内向学生进行反馈，才能更好发挥作业的效果。就反馈方式而言，需要关注以下问题。

一是反馈的及时性。学生作业反馈要在学生提交作业后一定时期内，及时通过批改(对练习题)、评语(对实践过程)、讨论(对合作类作业)等多种方式进行。

二是反馈的准确性。学生作业反馈对于学生的学科知识体系与核心素养形成具有深刻影响。好的反馈能够起到纠偏的作用，以纠正学生原有认知当中错误的或者不适当的部分。教师对于学生作业的反馈，应当尽可能准确。

4. 多渠道开展实践性作业设计

要实现打通思政小课堂和社会大课堂的目标，需要设计多种行之有效的实践性作业。针对不同的单元，可以组织模拟参与活动(模拟政协、模拟联合国、模拟法庭、模拟公司等)，开发设计活动型作业，在真实模拟政治参与活动中有效培育主人翁意识和政治参与能力。建议在以往成功的时政大赛、法制辩论赛等学生活动的基础上，设计适切有效的活动总结作业，扣准"活动型学科课程"的学科定位，把培育践行社会主义核心价值观融入思政教育活动的全过程。

5. 着眼于思政课发展的宏观目标开展单元作业研究

当下，党和国家在积极推动大中小学思政课一体化建设，推动思政课建设内涵式发展。思想政治学科应该顺应改革趋势，探究如何在单元作业中体现大中小思政课一体化的相关内容，将思政一体化与德育一体化相互融合。

6. 探索"教育＋互联网"条件下单元作业创新

信息技术对于学科教学的改变已经在渐渐起作用。如何发挥信息化技术在作业和试卷研制培训方面的积极作用，是我们不得不面对的问题。互联网所能提供的迅速响应，是传统教学难以企及的。在后续工作中，可以在开展远程网络交流培训和师训共享课程方面加大力度进行有益探索，创新作业的内容和形式，进而适应信息时代对于教育的要求。

五、案例参考

案例1：以必修3第一单元《坚持中国共产党的领导》中的一课为例，设计的社会实践活动如下。

社会实践活动："建党百年，探寻中国道路"

情境概要

"起来，不愿做奴隶的人们，把我们的血肉，筑成我们新的长城……"这耳熟能详的歌词与雄壮的旋律,无数次地激励着每一个中国人。如今,在上海有家专门的"国歌展示馆",向世人讲述着国歌和上海这座城市的不解之缘以及国歌背后鲜为人知的故事。

探究路径

(1)实地参观国歌纪念广场、国歌展示馆、"网上写真馆"数字平台,查阅有关与国歌相关的各类历史知识、文字资料的文献,从中找出自己印象最深刻的5件大事,按照重要性高低排序,并简要阐明理由。(推荐阅读中央党史出版社的《中国红色旅游指南》上下册)

(2)还可以身临其境地走进"虚拟展馆"进行参观,记录和了解《义勇军进行曲》诞生的背景和过程,以及其传唱和影响等,时间建议一小时左右。

(3)就参观的经历和查阅的资料,撰写学习报告,论证中国道路体现出科学社会主义的强大生机活力。

学科任务

综合运用所学内容,评析问题情境所反映的社会现象,作出正确价值判断和行为选择;综合运用所学内容,提出解决问题的思路、建议、方案并说明理由,评价解决问题的思路、建议、方案的有效性等。

评价量规样例

表4-2 学习报告评价的维度

学习报告评价的基本维度	等级
能建立完整清晰的整体逻辑框架,呈现的逻辑线索连贯	
能全面深入把握文本内容。选用文献资料均合理贴切,能够有效论证报告所有观点	
能梳理严谨而复杂的逻辑结构,帮助研究成果更加清晰直观展示出来	
能准确运用学科知识对现象进行完整分析,报告表述与论文写作符合学术规范	
整体性评价	
教师评语:	

案例 2：就探究性作业而言,《只有社会主义才能发展中国》一课可以包含以下内容。

（1）查找家庭联产承包责任制等资料,并制作《课前知识小读本》

（2）课后拓展参考文献：

《毫不动摇坚持和发展中国特色社会主义》,《求是》2019 年第 7 期

《中共中央关于建立社会主义市场经济体制若干问题的决定》,人民出版社,1993 年版

《中共中央关于坚持和完善中国特色社会主义制度、推进国家治理体系和治理能力现代化的决定》,人民出版社,2019 年版

（3）结合当下的国际局势、国内改革方向、社会需要以及自己的特长,为两年后自己的志愿填报做初步的规划。完成时间：一周后交。

案例 3：以下以模拟政协举例,进行作业设计。

全国青少年模拟政协活动
CHINA YOUTH MODEL CPPCC

材料一:"全国青少年模拟政协活动"(简称"模拟政协")是一项全国青少年创新实践活动。这项活动以高中生为主体,其核心是通过模拟人民政协的提案形成过程,同时模拟和体验人民政协的组织形式、议事规则以了解和体会中国特色的民主协商政治制度,旨在培养青少年的"四个自信"(道路自信、理论自信、制度自信、文化自信),增强"四种意识"(社会主义制度意识、社会责任意识、实践意识和创新意识);培养和提高青少年的"四大素质能力"(发现问题的能力、分析问题的能力、解决问题的能力以及合作交流的能力)。

材料二:2019 年 3 月 5 日下午,习近平总书记参加他所在的上海代表团审议时发言,希望上海的同志们继续按照当好全国改革开放排头兵、创新发展先行者的要求,在四个方面有"新作为":在深化自由贸易试验区改革上有新作为,在推进科技创新中心建设上有新作为,在推进社会治理创新上有新作为,在全面从严治党上有新作为。

阅读上述材料,并完成下列任务。

操作指南：假如你是"模拟政协"小委员,请从"四个新作为"的视角,组队完

成一份政协提案。

步骤一：选定界别

A. 共青团界　　B. 教育界　　C. 新闻出版界　　D. 经济界等

步骤二：拟定案由

请草拟本组拟定的提案案由、主题词1—2个，要求简明扼要，并形成文献综述。

步骤三：交流发言

小组代表就本组提案案由作交流发言，发言内容应包括选题原因、调研思路、建议依据等。

步骤四：开展社会调查并统计分析调查数据

小组成员分工开展有关提案的社会调查，可以综合采用多种调查方法，收集统计数据并分析，形成图表。

步骤五：形成提案

小组成员集体分工形成提案，并进行正式展示，要求制作提案PPT、提案形成过程的视频。展示时间12分钟，视频播放时间3分钟，全体团队成员均要参与展示。

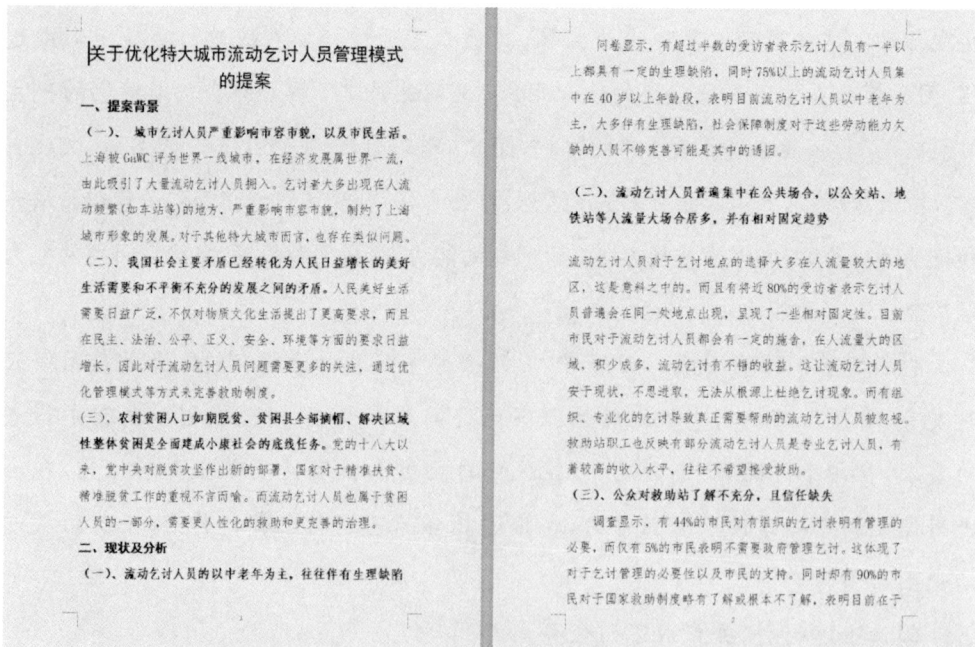

提案样例参考

本题为开放型评估方式,评估点包括提案完整性、可行性、展示与 PPT、视频制作水平、团队成员的个人表现等。

题目属性分析：

题目编码	所属课时	对应目标编码	目标维度与学习水平	题目类型	题目完成方式	题目难度	预计完成时间	题目来源	是否为某一大题拆分	备注栏
Z3009	00	ZZ1120615	技能	非书面	合作类	较高	20	原创	否	跨课时作业

【设计说明】

本题以"模拟政协"为载体,提升学生的实践能力和政治参与意识,坚定社会主义信仰,把理论知识综合运用到社会实践中,把对党的内心深处的持久的情感,通过现实的载体外化出来,达成作业设计的第四个层次,把作为个体的"小我"与作为集体的家国"大我"进行有机结合。

第五章

目标与评价：教材教法视角下的
单元教学设计

第一节　单元教材教法分析

高中思想政治学科单元教材教法分析是依据新课标和《教学基本要求》,分析教材的内容结构和教材所呈现的教学方法,对课程标准和教材做关联分析确定单元教学重点,并对应单元教学重点选择相适应的教学方法的过程。这一过程分别涉及单元教学"教什么",以及单元教学"怎么教"两方面的问题。

一、概念简释

高中思想政治学科单元教材教法分析对于单元教学具有方法论作用。教法是对教材的内容、要求以及教学的特征进行归纳总结,回应了"如何教"这个问题。通过教材教法分析可以明确某一个单元在该年级独特的地位和价值。教材教法分析是准确把握教材的单元教学价值,梳理教学内容,选择适宜的教学方法,有效达成课程目标的必要条件。

二、基本依据

高中思想政治学科单元教材教法分析的依据是现行新课标和《教学基本要求》。统编教材新课标是国家对学生在中学思想政治学科学习中的规范化要求。《教学基本要求》是根据课程标准制定的、有关教学活动中如何理解新课标的具体说明和诠释。单元教材教法分析应当以此作为依据和参考。

三、任务概要

高中思想政治政学科单元教材教法分析分两部分内容,一是单元教材的分析。主要分析教材的知识结构、能力培养、品格培育的指向,确定"教什么"。现行新课标和《教学基本要求》规定了本单元的学习内容与价值,是一个教学目标导向的内容;教材是教育主管部门按照课程标准和学生认知发展规律开发的具有一定范围和深度的知识技能体系,呈现了单元学习的具体内容。因此,教材的内容多于课程标准。据此,我们有必要对课程标准和教材进行关联分析,确定单元教学重点。这里的单元教学重点是针对该年龄阶段的所有学生应该掌握的重点内容,即应然的教学重点。

二是单元教法的分析。教材本身呈现了一定的教学方式,对此教师要进行分析,并根据单元教学重点,选择相适应的教学方法,确定"怎么教":这需要根据章节内容具体问题具体分析。对于理论性较强的章节,宜以讲授法开展;对于实践性较高,特别是那些具有社会参与属性的章节,需要充分发挥学生积极性开展探究,真正让思政小课堂与社会大课堂相结合。

通过单元教材教法分析,教师可以把握教材单元的目标特征、内容特征与教学特征。

四、一般思路

1. 研读课程标准,明确单元学习内容与学习水平

教师通过研读新课标,领会高中思政课程改革的基本理念和课程实施建议,了解课程性质、总目标及阶段目标,本单元涉及的课程内容和活动建议等。《教学基本要求》是课程标准要求的具体化,它明确了本单元的学习内容与水平要求等,是对应单元主题的具体教学要求。教师应通过研读《教学基本要求》,了解本单元的主题概述、学习内容与要求、教学指引、评价示例等。

2. 研读教材内容,梳理教材结构和教材呈现的教学方式

梳理教材结构需要分析:本单元教材在整册教材中的地位和作用,与其他单元的关系以及本单元各框节之间的关系和作用;教材呈现的知识结构,纵向联系已学的知识,横向梳理知识之间的逻辑关系。梳理教材呈现的教学方式就需要分析教材推荐的教学方式有哪些,是注重体验式教学、探究式教学抑或其他,分析这样的教学方式背后具体指向的素养目标是什么。

我们以必修1《中国特色社会主义》为例,必修1《中国特色社会主义》的设置,本质要求就是依循历史进程,讲述为何开创和发展中国特色社会主义;就是讲清

楚我们选择的这条中国特色社会主义道路是人类社会和中国历史发展的必然选择，是中华民族迎来从站起来、富起来到强起来的必由之路，是新时代建设中国特色社会主义强国和实现中华民族伟大复兴的根本道路。因此，我们教学的核心关键词就应当是"为什么"，而不是"怎么样"，关于"怎么样"的教学是其他必修教材依托本册来具体展开的。牢牢抓住"为什么"这个关键词，我们就能对必修1四课的理解有了"定盘星"。然后我们具体分解这个"为什么"，就可以总结出，第一课的实质是通过展示人类社会演进的历程来讲清楚"科学社会主义诞生的必然性"；第二课的实质就是通过展示近代中国发展历程来讲清楚"中国选择走社会主义道路的必然性"，讲明白"社会主义学说发端于西方，但社会主义的神髓却在东西方的时空交错中隐隐呼应，这是一种文化的融通，也是一种'文明的滴定'，这看起来是一场思想的偶遇，实际上是历史的某种必然"；第三课的实质就是通过展示新中国成立后的发展历程来讲清楚"走中国特色社会主义道路的必然性"，讲好我们把中国具体实际与马克思主义基本原理相结合的伟大探索过程；第四课的实质就是通过展示新时代中国特色社会主义的伟大征程，来讲清楚"在习近平新时代中国特色社会主义思想指引下，走中国特色社会主义道路，实现中华民族伟大复兴的必然性"，讲好"方向决定道路，道路决定命运"的道理，讲出"中国特色社会主义，既是我们必须不断推进的伟大事业，又是我们开辟未来的根本保证"的自信。

分析解决好这些问题，我们就可以清晰把握必修1教学的整体方向，我们就可以清楚地认识到，必修1的教学不是在上"历史课"，而是把历史史实、历史线索、历史故事作为我们讲清楚"中国道路其来有自"的素材和证据；必修1的教学也不是在上"语文课"，而是把整本书阅读、文本背景描述、经典诵读作为我们讲清楚"中国道路其来有自"的方式和过程。

3. 确定单元教学重点和教学方法

单元教学重点内容，是指根据新课标和《教学基本要求》确定的单元教学关键性内容。以必修1《中国特色社会主义》作为整体单元来看，以其单元重难点为例，可以表示如下。

（1）单元教学重点

比较研究人类社会发展的一般进程和趋势，阐明中国特色社会主义是科学社会主义理论逻辑和中国社会发展历史逻辑的辩证统一，认同中国共产党带领人民选择中国特色社会主义道路是历史的选择和人民的选择。

以中国特色社会主义的创立、发展和完善为主线,明确中国特色社会主义是把马克思主义基本原理同中国国情相结合的产物,坚定和增强中国特色社会主义道路自信、理论自信、制度自信、文化自信。明确习近平新时代中国特色社会主义思想是马克思主义中国化的最新成果,理解其在党和国家治国理政中的重要地位和作用,明确习近平新时代中国特色社会主义思想是对中国特色社会主义理论体系的完善。

(2)单元教学难点

了解科学社会主义创立的历史前提、创立的标志,阐明唯物史观和剩余价值学说促使社会主义实现了由空想到科学的飞跃,懂得科学社会主义从理论到现实、从一国实践到多国实践的价值,正确看待社会主义实践遇到的重大曲折,坚信中国特色社会主义能焕发出科学社会主义在 21 世纪的新的强大生命力。

明确新民主主义革命和社会主义革命之间的关系,阐明中国共产党在马克思列宁主义基本原理指导下,结合本国实际,艰辛探索社会主义建设道路的重要意义。正确看待改革开放前和改革开放后两个历史时期之间的关系,明确改革开放以来党全部理论和实践的主题是坚持和发展中国特色社会主义。

第二节　单元教学目标设计

一、概念简释

高中思想政治学科单元教学目标在单元教学中具有核心统领作用。教学活动开展的归宿是实现既定教学目标,提升学生学科核心素养。究其定义而言,单元教学是指学生经过单元学习后所要达到的预期效果。它是整个教学目标过程中的重要中间环节。具体而言,单元教学目标既是课程标准在单元中结果层面的描述,是对宏观教学标准和学科素养的分解细化,直接决定着课时、知识内容结构、资源、形式安排的统筹安排。

高中思想政治学科的单元教学目标设计围绕本单元教学重点、难点,明确单元教学任务,预先设定相应学科应当达成的目标的预见性活动。

二、基本依据

单元教学目标设计的直接依据是课程标准。单元教材教法分析对新课标和《教学基本要求》和教材单元教学内容的综合分析形成的单元教学重点、教学任务和教学要求等成果,为单元教学目标设计奠定了重要基础。

单元教学目标设计还要结合学生的实际情况。单元教材教法分析确定的是对学生所应具备的正确价值观、必备品格和关键能力的一般要求。学生是学习的主体,脱离学生实际的教学目标设计没有任何实用价值。只有通过分析学情,充分了解学生的实际状况,紧紧围绕学生终身发展的实际需要才能设计出合理有效的单元教学目标,学生实际是单元教学目标设计的现实依据。

三、任务概要

高中思想政治学科单元教学目标的任务,具体而言可细化分解为达成性目标和发展性目标。达成性目标是指通过单元学习,期待在学生身上发生的变化,其强调的是人的外显的可观察的行为。发展性目标是指发展学生的智力、意志、情感和动机(需要和兴趣等),本环节所设定的单元教学目标任务,主要围绕达成性目标展开具体可以分为四个任务要求,即分解学科标准、明确单元诉求、分析学生基础、规范目标表述。这些任务要求一般包含以下若干原则。

1. 从整体上认识单元

单元教学目标设计要从整体上把握单元教学目标的设计要求。一方面,应从"高中思想政治学科课程目标—单元教学目标—课时教学目标"线索进行相互联系、衔接分析;另一方面,又要根据教材教法和学情分析的结果,从正确价值观、必备品格和关键能力上进行整体化设计,不能简单地把完成知识性学习作为唯一目标。

2. 为教学提供可测度视角

单元教学目标设计应充分考虑教学的可操作性,尽量用外显、具体的行为动词来描述学生学习结果,使得教学目标行为化,并且以认知水平能力为判断标准。目标表述要明确、具体、易操作、易检测。

3. 激发学生主体意识

学生是学习的主体,单元教学目标的设计应基于学生的学,以学生发展为本,以学生学科核心素养的培养为起点和归宿。因此,设计单元教学目标必须分析学情,了解学生的年龄特点和心理特点、认识水平和学习基础、生活背景以及不同学生群体的特点与需求,只有这样才能制订出合理有效的单元教学目标,促进学生的学科素养由低到高、循序渐进地不断发展深化提高。

四、 一般思路

1. 分析学情,确定学习起点

分析学情的基本任务在于了解学生的认知发展水平和已有的知识经验,找准学生的学习起点,摸准学生的学习预期,这是设计合理有效单元教学目标的重要环节。

分析学情可以从三个方面入手:第一,要充分了解学生在学习特定内容前,业已具备的知识和能力基础,以及对有关学习内容的认识与态度,从而确定学习起点;第二,要充分考虑学生在情感态度方面的适应性,了解学生喜欢的或经常使用的学习策略、学习方式或学习倾向,从促进学生全面发展的需求出发,制订过程和情感目标;第三,要充分考虑学生的认知能力、个性特点和学习差异,以便为不同状态和水平的学生制订适合他们发展的教学目标。

2. 确认学习任务要求,明确重难点

单元教学难点是在单元教材教法分析的基础上,进一步开展学情分析,以明确单元教学的重点,确定单元教学的难点。

单元教学重点是构成单元教学的基础知识和思想方法,是单元中最主要、最本质、带有主导作用的正确价值观、必备品格和关键能力要求的具体体现。单元教学重点可以根据单元教材教法分析确定,同时又应该根据学情分析的结果作适当的调整。

单元教学难点是指学生不容易理解和接受的那部分单元学习内容，它可能是知识与技能方面不易理解的问题，也可能是态度与价值观方面学生难以认同或容易产生疑问的问题。单元教学内容的抽象性、复杂性、模糊性是教学难点形成的客观因素，学生的认知水平、价值取向、情感意愿更是教学难点形成的现实原因。因此，只有在教材教法分析的基础上充分了解学生原有的知识与技能，过程、能力与方法，态度与价值观的状况，才能对可能出现的教学难点作出预判并采取有效的措施。

3. 设定学习结果，撰写素养目标

单元教学目标应分别从核心素养视角预设学生参与教学活动后的学习结果，即核心知识（对应单元核心知识落实）；关键能力（对应与单元主题紧密相关具体、关键的学科能力所需的学习经历和体验）；必备品格和正确价值观（对应品格养成的积极情感、态度以及正确的价值观的导向）。

单元教学目标表述的行为主体为学生，一般遵循"条件＋行为动词＋内容"的表述格式，应做到主体明确、动词准确、条件具体、程度合理，易于检测观察，从而作出评价。统一的目标规定了所有学生应该达到的标准，但对于不同特点的学生，目标可以有所差异。

例如：

教学目标

参与小组分工并开展社会调查，通过数据分析，列举身边典型案例中不同利益群体价值冲突的原因。

比较不同利益相关群体的诉求，列举其中影响价值判断和价值选择的因素，设计、交流和完善解决矛盾冲突的具体方案。

结合完善后的具体方案，阐释正确的价值判断和价值选择必须遵循社会发展的客观规律。

列举城市治理的类似案例，结合"人民城市人民建，人民城市为人民"理念，阐释公民政治参与意识的提高与国家治理体系和治理能力现代化之间的关系，论述如何发挥中国特色社会主义制度优势提升国家治理能力。

又如：

教学目标

在诵读和分析《共产党宣言》名句过程中，交流对科学社会主义核心内涵的感悟,阐释科学社会主义的科学性。结合我国革命和改革的历程,阐明中国共产党人把马克思主义基本原理和中国实际相结合,开辟了中国特色社会主义道路。阐释中国特色社会主义是科学社会主义理论逻辑和中国社会发展历史逻辑的辩证统一。

列举新时代我国改革发展的典型事件或重要举措,运用马克思主义基本原理阐释新时代中国特色社会主义与马克思主义是一脉相承、与时俱进的。

第三节 单元评价设计

高中思想政治学科的评价是从学生端检验教学实效的标准。就单元评价设计而言,可以从知识识记、逻辑理解、学科素养、实践品格四方面设计过程性评价的内容、方式与工具等。对于单元评价而言,要兼顾过程性评价和结果性评价,兼顾教学评价与考试评价。

一、概念简释

高中思想政治学科的单元评价设计是依据单元教学目标,围绕学生思想品德和思想政治素质的变化发展,观察学生的单元学习过程,是对学生掌握和运用学科相关知识的水平与能力,以及其相应的态度与价值观表现作出的判断,是为促进学生转变学习方式、提高思想品德和思想政治素质,促进教师改进教学、提高教育质量服务的活动。

高中思想政治学科的单元评价设计是检验教学成果的标准。能否实现提升学生综合学科素养的目标,需要经过一系列标准的检验。

学科评价设计具有双重功能,从学生端,是通过外化表现对照单元教学目标检查学生接受知识、消化理解的程度,检验学生思想政治素质在这一单元内容和要求上的变化发展,综合判断学生价值态度和学科知识运用能力。具有敦促学生转变学习方式、拾遗补缺的功能。在教学端,具有反馈和引导作用。教师及时接收学生相关信息,以此可以根据学生学习状态,适时改进教学方法、提高课程质量,进一步贯彻学科核心素养要求。

二、基本依据

高中思想政治学科的单元评价应当依据新课标和《教学基本要求》当中对于学生学科核心素养达成的目标开展,即学生应当达到上述标准要求的指标。

三、任务概要

高中思政课具有显性德育课程地位,需要把能否立德树人作为教学评价的主要目标。需要更好地在高中思政教学中融入社会主义核心价值观,有效彰显学科育人的核心价值,在作业设计中不仅要提高政治站位,始终把握思政学科的政治性与学理性的统一,同时也要牢牢掌握主动,把握住统一性和多样性相统一、理论性和实践性相统一等"八个相统一"方法论要求。

具体而言,有如下两方面任务。

1. 对学习活动的过程性动态评价

学习活动既能反映学生的学习行为,也能以作品的形式反映学生的学习结果。对学习活动的评价伴随着学习活动的整个过程,对学生在活动参与过程中的行为变化以及获得的学习成果进行收集、整理和分析,使教师和学生都能够及时得到评价反馈,有效调控学习活动的进程,确保学习活动实施的效益。

2. 对学习效果的结果性评价

高中思想政治学科单元学习的最终结果,需要通过书面的形式进行表达。合理、有效地评价学生的书面表达,能够及时记录学生学习的成果,并回溯学生的学习行为,对学生单元学习状况作出判断。对书面表达的评价设计,包括对学生完成的书面作业的评价,以及对学生完成的单元测验卷的情况的评价。

四、一般思路

1. 依据单元目标,确定评价内容

前文已述,单元评价的目标就是检验学生本单元的学习情况是否达到了标准的要求。教师在单元教学目标的基础上,明确学生在本单元学习过程中主要的行为表现以及取得的主要学习成果是什么,分析其是否具有客观的、可评测的属性,从中确定本单元的评价内容,为制定单元评价目标,形成单元评价设计做准备。

2. 制定评价目标,明确观察重点

教师对已确定的评价内容进行分析,并在此基础上,制定单元评价目标,明确由谁来评价、评价的内容有哪些、通过什么途径或运用什么方式进行评价、评价观察的重点是什么等内容,对单元评价活动进行指引。

3. 选择评价主体,设计评价工具

教师根据已确定的评价内容和目标,特别是观察重点,选择能够客观、公正地参与评价活动的主体,并设计相适切的评价工具,以确保后续评价信息能够得到充分、规范的收集,为评价活动实施的一致与连贯创造条件。

4. 选择反馈方式,形成评价方案

评价设计的最后环节,需要教师综合比较各种反馈方式的特点,选择一种或者通过若干种方式的组合,确保评价结果能够及时高效地反馈给学生和教师,以引导学生及时做出学习改进,同时也帮助教师及时做出教学改进,最终形成评价方案。

对于作业的评价体系,可以参考下表。

表5-1 作业评价体系示例

评价模块	具体指标	评价要点	权重
基础指标	立德树人	坚持正确的思想政治方向;把立德树人摆在首要位置;积极融入社会主义核心价值观	15%
	基于课标	作业设计基于课程标准;符合《上海市高中思想政治学科教学基本要求》	
	单元设计	单元作业设计的整体体现;符合单元设计的基本格式规范;单元作业与课时教学要有连贯性	
规范指标	目标设计	基于单元的整体思考,作业目标设计恰当,作业目标与教学目标要有一定的衔接性、层级性和差异性,符合学生的学习基础	85%

评价模块	具体指标	评价要点	权重
规范指标	符合学情	完成时间要符合整体要求、学生的学科段特征和身心特点；体现不同学生层次的个性化题目设计	85％
	内容设计	作业内容设计基于相关的生活情境，体现结构性和层次性；题目答案的设置要反映学生不同表现，注意建立差异性的评价标准；作业目标、类型、难度、时间分布合理	
	题型多样	题型丰富多样；思维活动、实践活动的多样化呈现；跨学科的题目设计	
	核心素养	作业目标和内容应体现学科核心素养培育的导向，设计学科核心素养的作业评价	
否定指标	政治立场错误、抄袭违反版权、学科知识严重错误、刻意植入相关广告等		一票否决

案例 1：以必修 1《中国特色社会主义》中的一课进行举例，以下是"只有社会主义才能发展中国"一课的评价设计。

表 5-2 "只有社会主义才能发展中国"一课的评价设计示例

评价内容		评价标准				综合评价
		水平 1	水平 2	水平 3	水平 4	
报告内容	框架构建	能建立完整清晰整体逻辑框架，呈现的逻辑线索连贯	建立的逻辑框架基本完整清晰，部分逻辑环节缺失	没有完整清晰的逻辑框架，有一定的逻辑线索	结构松散，没有逻辑框架，只有不完整的部分逻辑线索	
	文献整理	能全面深入把握文本内容。选用文献资料均合理贴切，能够有效论证报告所有观点	基本把握文本的大部分内容，选用文献资料大部分较为合理，能基本有效论证报告大部分观点	能正确把握文本部分内容，选用资料少部分较为合理，能够论证报告的部分观点	只读懂文本的极少数内容，选用资料不太合理，基本无法论证报告观点	

评价内容		评 价 标 准				综合评价
		水平1	水平2	水平3	水平4	
报告内容	逻辑论证	能梳理严谨而复杂的逻辑结构,帮助研究成果更加清晰直观展示出来	能梳理基本正确的逻辑结构来说明研究成果	能梳理一定的逻辑结构,但结构和内容都较为简单	不会利用逻辑结构展示研究成果	
	学术规范	能准确运用学科知识对现象进行完整分析,报告表述与论文写作符合学术规范	能运用学科知识分析现象,表述基本正确,报告表述与论文写作基本符合学术规范	能运用学科知识,分析不准确,报告表述与论文写作不符合基本学术规范	运用学科知识有明显错误,报告表述与论文写作不符合基本学术规范	
报告形式	语言表达	做到清晰、准确、流畅地完成发言	基本做到清晰、准确地完成发言	语言表述不够清晰,节奏不流畅	仅能完成基本发言,表述不清楚、不通顺	
	课件制作	能够使用PPT、Prezi等多种软件,结合视频、音频、图片等内容,表现有层次感,重点突出,脉络清楚	能够使用至少一种软件,多媒体类型文件不少于两种,表现较有层次感,重点较突出,脉络较清楚	能够使用软件进行制作,但制作较简单,多媒体类型文件内容单一,层次不鲜明,脉络较混乱	不能使用多媒体展示软件制作,没有使用多媒体类型文件	
	答辩回复	能准确捕捉提问者意图,快速做出正确答复	能基本把握提问问题方向,做出基本正确的答复	能把握提问的部分内容,只能给出不充分的答复	不能把握提问者的意图,无法做出正确答复	
小组合作	分工合作	能根据每位小组成员特点分配任务,做到扬长避短,发挥合力作用。每位组员相互配合协作,积极参与全部研究活动过程	能基本保证大部分组员承担相应的任务并发挥团队合作精神完成研究成果。大部分组积极参与研究活动过程,基本做到相互配合	能保证部分组员承担相应的任务并合作完成研究成果。少数组员积极主动参与,其他组员被动配合	只有少数组员来承担完成大部分的任务。少数组员参与,其他组员参与度低	

续 表

总 评 价		
指标	指 标 描 述	发展性水平
内容	能够围绕"为什么说改革开放是伟大的?"进行思考、分析和论证	
	论证有理有据、有针对性和聚焦性，不空洞无物，不泛泛而谈	
立意	能够围绕"为什么说改革开放是伟大的?"这一主题,思考坚持改革开放以来我国所取得一切成绩和进步的根本原因,是党的领导,并且坚定"四个自信"	
	能够感悟与展现"为什么说改革开放是伟大的?"的重大历史价值和现实意义	
	能够"融入自我",即自觉拥护中国共产党的领导,将国家发展与自身的行为实践相关联	
语言	语言通顺连贯,行文逻辑清晰,学科术语正确规范	
教师评语:		
＊发展性水平：A 优秀；B 良好；C 待改进		

案例 2：以必修 3 第一单元"坚持中国共产党的领导"一课进行举例,以下是小论文撰写评价设计。

表 5-3 小论文撰写评价设计示例

指标	指 标 描 述	打 分
内容	能够围绕"为什么中国共产党执政是历史和人民的选择"进行思考、分析和论证	
	论证有理有据、有针对性和聚焦性,不空洞无物,不泛泛而谈	
立意	能够围绕"为什么中国共产党执政是历史和人民的选择"这一主题,思考只有中国共产党能带领中国人民站起来、富起来和强起来的丰富内涵和时代特征	

续　表

指标	指　标　描　述	打　　分
立意	能够感悟与展现"没有共产党就没有新中国"的重大历史价值和现实意义	
	能够"融入自我",即自觉拥护中国共产党的领导,将国家发展与自身的行为实践相关联	
语言	语言通顺连贯,行文逻辑清晰,学科术语正确规范	
整体性评价		
教师评语:		

＊发展性水平:A 优秀;B 良好;C 待改进

案例 3:"只有中国特色社会主义才能发展中国"一课的评价设计。

表 5-4　"只有中国特色社会主义才能发展中国"一课的评价设计示例

指标	指　标　描　述	发展性水平
内容	能够围绕"为什么说改革开放是伟大的?"进行思考、分析和论证	
	论证有理有据、有针对性和聚焦性,不空洞无物,不泛泛而谈	
立意	能够围绕"为什么说改革开放是伟大的?"这一主题,思考坚持改革开放以来我国所取得一切成绩和进步的根本原因,是在党的领导下取得的,并且坚定"四个自信"	
	能够感悟与展现"为什么说改革开放是伟大的?"的重大历史价值和现实意义	
	能够"融入自我",即自觉拥护中国共产党的领导,将国家发展与自身的行为实践相关联	
语言	语言通顺连贯,行文逻辑清晰,学科术语正确规范	

续　表

指　标	指　标　描　述	发展性水平
教师评语:		

＊发展性水平：A 优秀；B 良好；C 待改进

以下以必修 4《文化交流与文化交融》为例，展示如何进行评价设计。

1. 评价依据

因为在本课中，我们是以议题为纽带，选择辨析式的话题，努力打造活动型课程。所以，教师应该在以上教学方式的基础上进行评价。教师可以从以下维度进行评价设计。

（1）关于学生在完成活动任务过程中的各种表现，可以参考以下评价量表。

表 5-5　学生学习评价量表(1)

维　　度	等级（ABCD）
搜集、整理信息全面、准确	
解读信息规范、充分	
建立学科知识与社会生活之间的关系	
表达流畅，观点精准、深刻，视角独到	
小组合作中积极、主动，与同学互动性好	

（2）关于学生在教师创设的真实情境中的表现，可以参考以下评价量表。

表 5-6　学生学习评价量表(2)

维　　度	书　面　评　价
被带入情境的状况	

续　表

维　　度	书　面　评　价
在情境中的共情、思考、表达的情况	
在情境中表现出的价值观念、品格和能力	
举一反三的能力	

（3）关于在教材内容整合中学生的表现，可参考以下评价量表。

表 5-7　学生学习评价量表(3)

维　　度	书　面　评　价
精准了解学习任务	
能够运用以往的学习经验，构建知识关系	
综合运用知识，举一反三的能力	

以"古丝绸之路的中西交流"为例，展现上述量表的使用，如下表所示。

表 5-8　学生学习评价量表示例

维　　度	书　面　评　价
精准了解学习任务	（建议：这个活动的目标是帮助学生理解在经济全球化的今天，不同国家和民族之间在经济往来的同时要加强文化交流，促进文化发展。学生容易理解为倡导世界文化多样性，甚至偏离学习任务，重点关注"一带一路"的相关内容。）
能够运用以往的学习经验，构建知识关系	（建议：本活动涉及两个方面的知识建构，一是用到前面所学的文化与经济的关系、文化载体和文化内容的关系；二是文化的民族性、多样性与文化交流、文化发展的关系。在活动中，要观察学生能否认识到这些知识关系，能否自觉运用这些知识等。）

维　　度	书　面　评　价
综合运用知识,举一反三的能力	(建议：本活动使用的是古丝绸之路的相关资料,要谈古丝绸之路对我们今天的启示,而不能仅仅停留在对古丝绸之路上文化交流的分析,要借古说今,说明今天我们应该持有的态度,即维护文化的多样性,加强文化交流、学习、借鉴,促进文化发展。)

2. 评价方式

根据本课内容特点,建议采用纸笔测试评价和描述性评价两种方式。

(1) 纸笔测试评价

纸笔测试,是一种根据思想政治课程教学目标,按照一定的要求进行命题,并运用教育统计的原理与方法,对学生解答问题的过程与结果进行评价的活动,它是高中学生学习成绩的重要评价方式。在纸笔测试中,首先,要使被评价者在测试中"说真话",获得推断真实素养水平所需的预期的关键行为表现特征群,就必须依据本课内容要求思考以下问题：哪些学科任务可以帮助我们获得这些预期行为的表现特征群；这些学科任务要引出预期的真实行为表现,应该如何设置情境,努力做到情境设置结构化。其次,要确保试题的科学性、公平性和难度适宜。最后,还要制订基于学科任务完成质量的试题评分标准。测试评价标准要力求走出"标准答案唯一"的思维定式。标准不仅要有"趋同"的"标准化评价",更要有以"求异"为取向的"差别化评价"。当然,这里的"共同标准",必须是有共同标准、无标准答案的评价。对于活动型学科课程的评价来说,其度量的对象是"行为",而不是"答案"；其分级的证据是"表现",而不是"要求"。

下面以一道题来举例。

1. "穷旮旯"是如何变成"金窝窝"的？

全面建成小康社会,关键在农村。十八洞村是湘西有名的贫困村,也是习近平首次提出"精准脱贫"的地方。2017 年,一部名为《十八洞村》的电影将这个偏远苗寨由"穷旮旯"变为"金窝窝"的动人故事带入人们的视野。

(1)"总书记在我们这里提出'精准扶贫'思想,我们深感使命光荣,责任重大,"花垣县委书记罗明说,"我们必须拿出经得起历史检验的脱贫成果,做到真脱贫、脱真贫,这样才能不辜负总书记的期望,不辜负人民群众的期待。"从罗明书记的话语中,最能感受到(　　)

A. 中国共产党始终把人民利益放在首位

B. 以经济建设为中心是"兴国之关键"

C. 加强党的领导,关键在严,要害在治

D. 中国共产党执政是历史和人民的选择

示例设计说明:

题型	内容要求	学业质量水平	学科任务
选择题	1.2.1.1	1-1	综合运用所学内容,提炼问题情境中的话语信息,概括并推断相关结论、归纳实质
答案示例	A		
要点解析	本题考察的内容为"党的性质、宗旨和指导思想",旨在通过阅读情境材料,从基层党员干部的话语中,感受到中国共产党在任何时候都把人民利益放在第一位,"人民立场是中国共产党的根本立场"。 学生通过阅读材料信息片段,如"……经得起历史检验",可以从"人民是历史的创造者,是决定党和国家前途命运的根本力量"的内容出发,得出中国共产党始终把人民利益放在首位;亦可从材料中"不辜负总书记的期望,不辜负人民群众的期待",产生共情,得出结论。 其余选项与材料中的相关主旨不符		

(2) 十八洞村的故事是中国乡村脱贫致富的缩影。它启示我们:"实现农业强、农村美、农民富的总目标,关键在坚持和加强党的全面领导。"谈谈你对这句话的理解。

示例设计说明:

题型	内容要求	学业质量水平	学科任务
简答题	1.2.1.2 1.3.1.1 1.3.1.2 1.3.2.1	2-1	综合运用所学内容,分析说明情境中问题的成因;综合运用所学内容,评析问题情境所反映的观点,作出正确价值判断和行为选择等

题型	内容要求	学业质量水平	学　科　任　务
答案示例			党的领导是乡村振兴的根本保证。党通过研判"三农"工作的实际，从人民的根本利益出发，制定《全面推进乡村振兴加快农业农村现代化》的指导意见等方针政策，是坚持正确政治领导和科学执政的鲜明体现，凝聚起广大人民群众的磅礴伟力，为乡村全面振兴指明方向、汇聚力量，以实现农业强、农村美、农民富的总目标
要点解析			本题考察的内容为"坚持和加强党的全面领导"，旨在通过评析材料中阐述的观点，以乡村振兴的视角，引导学生更为深刻地理解"坚持党的领导是中国革命、建设和改革事业不断取得胜利的根本政治保证"。 学生通过阅读材料信息片段中"……关键在坚持和加强党的全面领导"，可以明确学科内容的逻辑起点，运用"党的领导方式""党的执政方式""党的建设要求"等内容分析该观点。 学生通过阅读材料信息片段中"实现农业强、农村美、农民富……"的内容，可以明确本题需要分析的逻辑终点，同时启发同学引用恰当的时事材料，印证该观点

（2）描述性评价

在以上评价的基础上，用描述性的语言对学生在学习过程中在合作精神、情感态度、行为表现等方面的表现写出评语，并针对存在的问题提出改进建议。基于核心素的教学评价应该由关键行为表现、学科任务、评价情境、学科内容四个关键要素构成。在这个框架中，通过学科任务、评价情境、学科内容的有机整合，在学科任务的完成中，借助于任务的完成质量来观察、推断学生的学科发展水平，特别是学科核心素养发展水平。

第六章

单元教学活动设计的方法论与路径

第一节　单元教学活动设计研究背景

新课标指出,"要构建以培养核心素养为主导的活动型学科课程",塑造活动型学科成为新一轮修订思想政治课程标准的显著亮点。对于活动型学科课程的内涵,朱明光指出:"学科课程采取包括社会活动在内的活动设计的建构方式,即'课程内容活动化';或者说学科内容的课程方式就是一系列活动设计的系统安排,即'活动设计内容化'。"①活动型思想政治课程本质上仍然是课程,既要尊重学生主体地位,又要坚持学科内容本位。

活动型学科课程建设的必要性在于,现有学科体系科目繁多,学科划分过细,各学科相互分离,彼此孤立,造成学习内容相互分离甚至脱节,课程上的人为的割裂造成学生认知结构的支离破碎,不利于学生综合能力的培养和发展,活动型学科建设是促进学科之间融会贯通的有效手段。相比语文、数学等其他文化课程来说,思政政治学科与现实生活紧密联系,尤其注重培养学生的社会主义核心价值观、帮助学生树立正确的政治方向,承担的是关乎国家意识形态稳固与否的重要任务,因此,思想政治学科更应该用心打造活动型学科,通过有效的教学活动超越课本划分的"经济生活""政治生活""哲学生活"等孤立的维度,关注学生完整的现实生活,将学生塑造为全面发展的人。

教学实践活动中存在对活动型学科的误解,有的老师仅把活动理解为课外实践活动,有的老师则仅把活动等同为课程内活动,比如辩一辩、说一说,有的学校在低年级轰轰烈烈开展课外活动,在高年级狠抓应试教育,这实际上都是窄化了活动型学科的内涵。活动型学科课程是活动与学科课程相互嵌入,有机融合,形成的你中有我、我中有你的一体化课程。② 活动与教学并不是简单相加,而是要通过有机融合达到"1+1>2"的效果,正是在遵循这样的理念的基础上,本章将对

---

① 朱明光.关于活动型思想政治课程的思考[J].思想政治课教学,2016(4).
② 王礼新.对"活动型学科课程"的几点思考[J].思想政治课教学,2018(3).

单元教学活动设计的一般方法论进行介绍,科学划分教学活动的类型并提出有针对性的建议,最后附上相关案例供老师们参考。

第二节　单元教学活动设计方法论

一、明确活动目标,培养学生的学科核心素养

新课标指出,高中思想政治是帮助学生树立正确的政治方向、提高思想政治学科核心素养、增强社会理解和参与能力的综合性、活动型学科课程,学科核心素养的提出和活动型学科课程的设置适应了中国特色社会主义新时代对教育发展的要求,活动型政治课则是中国特色社会主义新时代教育发展的必然产物。

思想政治学科核心素养包括政治认同、参与能力、科学精神和法治意识,教学活动的设计应当以培养学生的学科核心素养为目标。在教学中穿插教学活动可以避免空洞说教,学生通过参加活动获得亲身体会更容易形成对新时代中国特色社会主义的政治认同;教学活动设计要结合现实问题,激发学生的好奇心,提高学生参与公共事务的意识与能力;教学活动的设计要有一定的理论深度,培养学生的研究能力、思辨能力,锻炼科学精神;教学活动要通过引领学生感知中国特色社会主义制度,引导学生树立起规则意识、程序意识、权利义务意识。

二、创新活动设计,激发学生的活动兴趣

新课标把"围绕议题,设计活动型学科课程的教学"作为首条教学与评价建议。教学活动的设计要抓好内容和形式两方面,要在议题设计、形式设计两方面做出新意。

新课标指出:"教学设计能否反映活动型学科课程实施的思路,关键在于确定开展活动的议题",议题是教学中所有问题聚焦的中心,也是所有活动聚焦的中心,好的议题是贴合课程知识、贴合现实情境、贴合学生生活的,能够引申出多个

有意义的、指向素养的问题,激发学生的参与兴趣,让学生愿意思考、愿意表达、愿意分享,最终在参与活动过程中整合书本知识,形成结构化的知识体系、正确价值观念、必备品格和关键能力。议题设计目标的达成离不开多样化的活动形式,在形式设计上也要推陈出新,可以通过模拟政协、模拟法庭、辩论赛、迷你思政课、知识竞赛、社会实践、实地参观、集中观影等形式调动学生参与教学活动的积极性,除了常规的课堂互动型活动,还可以设计课题研讨等学术型活动和寒暑假游学活动,以及进行跨学科活动设计。

三、兼顾具体学情,提高教学活动的可操作性

正所谓"因材施教",教学活动的设计要兼顾具体学情,如果教学活动与具体学情不匹配,教学活动的效果就会大打折扣。所谓学情包括不同年级、不同班级、不同学生之间的学情。

一是不同年级学情不同,高一、高二、高三分别面临着不同的学习任务,高一是准备阶段,以高密度学习新的课程内容为主,高二开启复习阶段,以高精度地复习所学的课程内容为主,高三是冲刺阶段,以高强度地模拟考试为主,从高一至高三学生面临的压力是逐步增加的,因此教学活动设计就不能"上下一般粗",活动开展一般集中在高一学习新知的阶段,逐步让位于复习和考试;二是不同班级学情不同,有的班级思维活跃,善于表达,有的班级安静、感性,不善表达,要瞄准需求,根据不同班级的氛围设计不同的教学活动,使得教学活动收获良好反响;三是不同学生的学情不同,教师要充分尊重学生的主体性,要考虑到不同能力、不同层次、不同性格的学生的需要,提供多种备选方案由学生自由选择,给学生个性化发展的机会。

四、打造系列活动,增强教学活动的系统性

教学活动是教学设计和承载学科内容的重要形式,零散化、碎片化的教学活动会让学生感到疲于应对,活动效果也会大打折扣。

教师在设计教学活动时要落实系统理念,充分考虑活动与活动之间的环环相扣。根据难易程度,遵循学生的认知规律,遵循整体构建、有序衔接、依次递减的

设计思路,采取分层次、分步骤的活动设计策略,由简单议题逐步转入深刻议题,由浅入深,由易到难,构建结构化的教学活动,让学生的能力在参加系列活动中逐步提高,让学生能对某一个话题形成全面认识。更进一步讲,教师要在定位高中阶段的内容目标的基础上,形成大中小思政课一体化、螺旋式上升的开阔视野,开发能够勾连高中、大学的衔接式活动,通过教学有意识地培养学生的批判思维和研究能力,鼓励有基础、有兴趣的同学参与教师的课题,适当开发长周期活动,使教学活动贯穿课程教学的全过程,打破以往结果导向型的评价模式,着重评价学生解决问题的思路、前期准备、团队配合、表达能力与活动结果,多对学生进行正向反馈,赋予学生持续不断参与活动的动力。

五、 用活课程教材,促进课程内容与教学活动充分融合

教学活动不等于活动,教学活动的设计不能将教材弃之不顾,不能割裂书本与活动,活动设计必须与教材紧密结合,使课程活动成为教材之外的有益补充,成为教材内容的拓展和深化,其本质在于促进学生学习方式的转变,引导学生自主学习,以活动促教学。

教学活动设计要围绕单元教学内容展开,可以以教材原先设计的自然章节为一个单元为依托,也可以围绕某个专题或某个学科素养重组单元,如政治常识党的领导单元、经济常识社会生产单元、哲学常识辩证法单元等,依托教材内容设计议题,让教材内容在教学活动中得到进一步拓展和深化,实现"课程内容活动化",教学活动设计要充分凸显学科属性,坚持政治性、学理性、思想性和正确的价值导向,不能为了博学生的欢心而过分娱乐化,不要脱离课程内容"另起炉灶",杜绝形式主义、面子工程,务必真正实现教学活动的隐形教育功能,让学生有所学、有所得,达到"教学活动课程化"的目标。

六、 用好社会资源,推进教学活动与时代要求有机结合

新课标要求"根据经济社会发展新的变化、科学技术进步新成果,及时更新教学内容和话语体系,反映新时代中国特色社会主义理论和建设新成就",教师要提高政治站位,牢牢把握主动,教学活动的设计要贴合国情、市情、

区情。

在教学活动设计上,一方面要挖掘利用好当地的传统文化资源,上海市拥有丰富的红色文化资源,《上海红色文化地图》(2021 版)显示,上海现有位置明确的红色文化资源就多达 379 处,这些红色文化资源都可以开发为教学活动的"第二课堂",教师可以组织学生在周末参观红色教育基地,或邀请红色教育基地的馆长、讲解员、志愿者等进学校,为学生上一堂别开生面的思政课;另一方面也要将富有时代性的内容引入教学活动中,体现活动内容的时代特色,可以将上海市及杨浦区的政府政策、发展议题等引入教学活动中,组织学生进行讨论、表达想法并提出意见和建议,增强学生的社会责任感,提高学生的政治认同感,引领学生培育和践行社会主义核心价值观。

第三节　单元教学活动类型及其设计路径

按照活动对象,教学活动可以分为个体活动、小组活动、集体活动;按照活动实践,教学活动可以分为课堂活动、课后活动、周末活动、寒暑假活动;按照活动形式,教学活动可以分为文创设计型活动、案例分析型活动、文本研读型活动、议题评析型活动、情景模拟型活动、知识竞赛型活动、社会实践型活动等。下面按照活动形式划分标准介绍不同类型教学活动的内涵、特点以及设计过程中的注意事项。

一、文创设计型活动

文创设计型活动是指组织学生结合课程内容、给定主题、重大事件自主或团队合作设计黑板报、手抄报、宣传标语、活动口号、提案等。文创设计型活动意在检验学生对教学内容的掌握程度,培养学生的公共参与意识,考察学生的信息检索能力、逻辑表达能力与团队合作能力。文创设计型活动要注重评估文创的内容及传达的价值观,避免对文创的形式精致程度的过度追求,否则将背离活动设计初衷、增加学生的负担。

文创设计型活动案例如下所示。

【活动设计】

百尺竿头更进一步：单元综合探究活动①

方案设计与展示——"如何讲好中国故事?"

当我们在为世界发展贡献中国智慧和中国方案的时候,以美国为代表的西方发达资本主义国家千方百计以"新殖民主义""政治同化""中国威胁论""债务陷阱"等给中国道路、中国智慧和中国方案贴上负面标签。如在现代化过程中,西方发达国家人为设置了传统与现代的对立,东方与西方的对立,先进与落后的对立,认为一切非西方的后发民族国家想实现自己的现代化,只能走西方现代化的唯一道路。如美国学者塔妮·白露(Tani E. Barlow)明确提出,殖民主义与现代化二者是资本主义的孪生兄妹,是一块硬币的两面。

"事实不容歪曲","谣言止于智者"。在当下西方主导世界话语权的背景下,中国也要积极走出去,努力讲好"中国故事",让世界更多地了解中国。

假如你和同学作为中国学生代表前往美国交流学习,交流的一项任务就是相互介绍各自的国家。你们团队准备通过什么形式进行展示,展示哪些中国智慧和中国方案,讲好中国故事?

请自行组建4—6人的小组,团队成员明确分工,广泛查阅文献,初步了解党领导国家建设取得的丰功伟绩,形成较为系统的文本资料,结合文本信息,形成系统的汇报文稿,并制作宣传海报、微视频等,要求形式多样且富有感染力。

【设计说明】

党的十九大报告指出,中国特色社会主义进入新时代,中国特色社会主义道路、理论、制度、文化不断发展,拓展了发展中国家走向现代化的途径,给世界上那些既希望加快发展又希望保持自身独立性的国家和民族提供了全新选择,为解决人类问题贡献了中国智慧和中国方案。我们要进一步增强中国特色社会主义道路自信、理论自信、制度自信、文化自信,继续沿着中国特色社会主义方向坚定前进,以此进行议题的探究或者进行方案的展示,能够加强学生的政治认同感与参

---

① 本部分素材由上海交通大学附属中学胡杰、范凤美、程勇、常妮、黎冀湘老师和上海市杨浦高级中学朱忠壹老师提供。本章以下案例均为上述老师提供,在此谨表感谢,文责自负。

与意识。

二、案例分析型活动

案例分析型活动是指教师结合时政热点,设计结构化案例,给出指向明确、层次分明的思考问题,由学生自己或小组对案例进行分析,解决问题,形成观点,在课堂上展示,最后由教师进行总结升华。案例分析型活动意在将前沿话题引入高中政治课堂,锻炼学生观察社会、认识社会、参与社会的能力。案例分析型活动要注重评估学生对案例分析的深度以及运用所学知识解决问题的能力、信息检索能力、团队合作能力、表达能力等。案例分析型活动的效果很大程度上取决于案例设计成功与否,教师要做好前期准备工作。

案例分析型活动案例如下所示。

【活动设计】

"人民城市"

2019 年 11 月 2 日下午,正在上海考察的习近平总书记来到杨浦滨江公共空间杨树浦水厂滨江段,沿滨江栈桥察看黄浦江两岸风貌。看到总书记来了,正在这里休闲健身的群众纷纷围拢过来,高兴地向总书记问好。习近平指出,这里原来是老工业区,见证了上海百年工业的发展历程。如今,"工业锈带"变成了"生活秀带",人民群众有了更多幸福感和获得感。人民城市人民建,人民城市为人民。在城市建设中,一定要贯彻以人民为中心的发展思想,合理安排生产、生活、生态空间,努力扩大公共空间,让老百姓有休闲、健身、娱乐的地方,让城市成为老百姓宜业宜居的乐园。

请结合所学自选角度,谈谈对"以人民为中心"的理解,从对身边生活的观察出发,分析上海在建设"人民"城市方面的成果与不足。

【设计说明】

"人民城市人民建,人民城市为人民"理念的提出与上海密切相关,将该案例引入课堂能给学生带来对身边的政治、社会、生活建设的感知,通过分析"以人民为中心",更能增进学生对中国特色社会主义的理解和认识,分析此案例是对学生的准研究能力的一次锻炼。

三、文本研读型活动

文本研读型活动是指教师根据教学需要选取社会科学著作、党中央重要讲话精神等安排学生自行研读，将问题带到课堂上与大家一起讨论，课后形成读书报告。文本研读型活动意在增大学生的阅读量，启发学生的思考，深化学生对课本内容的认识，填补学生的知识空白，增强学生的政治认同感。文本的选择要贴合学生实际，避免选取过长、过于艰深、观点猎奇、政治立场不正确的文本，所选文本要能对课本内容形成有力支撑和有益补充，防止学生出现观点立场上的混乱。

文本研读型活动案例如下所示。

【活动设计】

"在选择职业时，我们应该遵循的主要指针是人类的幸福和我们自身的完美。不应认为，这两种利益是敌对的，互相冲突的，一种利益必须消灭另一种；人类的天性本来就是这样的：人们只有为同时代人的完美、为他们的幸福而工作，才能使自己也达到完美"，"如果我们选择了最能为人类福利而劳动的职业，那么，重担就不能把我们压倒，因为这是为大家而献身；那时我们所感到的就不是可怜的、有限的、自私的乐趣，我们的幸福将属于千百万人，我们的事业将默默地、但是永恒发挥作用地存在下去，面对我们的骨灰，高尚的人们将洒下热泪"。

以上两段话来自马克思的中学毕业论文《青年人在选择职业时的考虑》，请自行阅读全文，思考以下几个问题：

1. 马克思认为青年人在选择职业时应当考虑什么？为什么？

2. 你最向往的职业是什么？为什么？

结合文本自身实际，谈谈马克思的择业观和自己的择业观，形成文字材料，在课堂上分享。

【设计说明】

在学生的印象里，马克思是伟大的无产阶级理论家、革命家，仿佛离自己很遥远，实际上，马克思青年时期的思想虽稚嫩但足以打动人心，适合作为青年人的读物。《青年人在选择职业时的考虑》鲜明地体现了马克思心怀天下的博大胸怀，引导学生阅读此文能够增进学生对马克思的了解，激发学生学习马克思主义理论的兴趣，同时，该文所传达的择业观有助于引导学生勇担时代大任，树立远大志向。

四、议题评析型活动

议题评议型活动是指教师对课程内容进行整合提炼,提出开放度高、讨论度高的议题,学生自选角度进行分析,课堂上形成不同观点的交流碰撞,最后由教师进行评价。议题探究性活动意在使学生在论辩中区分真伪,加深对正确概念和理论的理解,确立共识。议题探究型活动的最终目的是正本清源,这就要求教师有丰富的知识储备,才能有效处理观点的分歧,使学生信服。

议题评析型活动案例如下所示。

【活动设计】

1936 年凯恩斯在《就业、利息和货币通论》中提出了著名的节约悖论,他引用了一则古老的寓言:有一窝蜜蜂原本十分繁荣兴隆,每只蜜蜂都整天大吃大喝,后来一个哲人教导它们说,不能如此挥霍浪费,应该厉行节约,蜜蜂们听了哲人的话,觉得很有道理,于是迅速贯彻落实,个个争当节约模范,但结果出乎预料,整个蜂群从此迅速衰败下去,一蹶不振了。凯恩斯借此表达"增加储蓄会减少国民收入,使经济衰退,是恶的;而减少储蓄会增加国民收入,使经济繁荣,是好的",简而言之即"挥霍导致繁荣,节俭导致萧条"。

请广泛查阅资料、阅读书籍,结合生活实际谈谈你对这个观点的认识,并将自己的观点在课堂上展示。

【设计说明】

评析凯恩斯的观点"挥霍导致繁荣,节俭导致萧条",意在检测学生能否运用生产与消费的关系之"消费反作用于生产"的知识,回应经济社会发展中出现的"挥霍""节俭"等问题,科学解释适度消费、过度消费、适度节俭和过于节俭对经济社会发展的影响,最终对凯恩斯的观点作出辩证性评价。通过评析式学习过程使学生深化了对消费反作用于生产、适度消费和节俭的意义等知识的理解,提高了消费的经济学理论认识,培养了学生的经济学素养。

五、情景模拟型活动

情景模拟型活动是指教师结合课程进度或某个议题,策划班级层面的模拟人大、模拟政协、模拟联合国、模拟法庭、辩论赛等活动。情景模拟活动可以增强学生的角色代入感,能够帮助学生对政治体制与制度有更具体的、初步的感知。情景模拟型活动的筹备工作量较大,教师在设计情景模拟型活动时要确定合适的开展范围、给定清晰的议题、做好指导工作。

情景模拟型活动案例如下所示。

【活动设计】

模拟联合国①

模拟联合国(Model United Nations)活动则是世界各国官方和民间团体特意为青年人组织的活动,模拟联合国活动能够促进他们对于当前的重大国际议题的理解,让他们以国际的眼光来看问题。青年学生们通过扮演各个国家的外交官,以联合国会议的形式,通过阐述观点、政策辩论、投票表决、做出决议等亲身经历,熟悉联合国的运作方式,了解世界发生的大事对他们未来的影响,了解自身在未来可以发挥的作用,了解所代表国国情,从所代表国立场审视和分析国际时事,有助于打破视野局限,寻找分析新视角,包容多元文化。模拟联合国互动已成为一个构建高中思想政治课与实践能力培养、多维视角养成以及合作学习探究密切联系的优质活动平台。

模拟联合国活动主要由四个进深部分构成:

1. 通识必修模块(26课时) 课时数 难度

(1) 模拟联合国会议规则流程精读 4课时 中

(2) 模拟联合国会议文件写作 6课时 难

(3) 模拟联合国国家调研 4课时 难

(4) 模拟联合国背景文件研读及议题分析 4课时 中

(5) 联合国宪章与组织结构 2课时 易

(6) 团队合作与沟通的艺术 2课时 易

(7) 即兴演讲与一般性辩论 2课时 难

(8) 批判性倾听与批判性思考 2课时 男

---

① 本部分素材由复旦大学附属中学丁恒老师提供。在此谨表感谢,文责自负。

2. 专业选修模块(根据学情,开设 2—4 课时)　　　课时数　　　难度

(1) 国际政治与安全:国际政治概论	2 课时	中
(2) 国际政治与安全:战后国际关系史	2 课时	中
(3) 国际政治与安全:从"911"到未知	2 课时	难
(4) 环境与国际关系:环境治理与环境外交	2 课时	中
(5) 全球环境与能源:能源环境与非传统安全	2 课时	难

3. 实战演练(28 课时,包括课外时段)　　　课时数　　　难度

(1) 议题选择	2 课时	难
(2) 文件研究	8—10 课时	难
(3) 会务准备	8—10 课时	中
(4) 从代表到主席	6 课时	难

4. 校外课题调研(校内 2 课时,校外 1—2 天)

模拟联合国课程亦需要设置一些研究性课题,成立研究小组。参与研究的形式多种多样,主要有小组讨论研究,实地考察,参加、组织各类模拟联合国大会等三种。其中参加模拟联合国活动是课题小组最具特色的地方。例如:"国家的责任"课题研究小组通过学校与国际人道主义援助机构 FHAO(Facing History And Ourselves)及日本侵华战争细菌战原告团团长王选女士取得联系,由团队负责人带队赴浙江义乌对细菌战幸存者及相关档案进行了实地考察。我们希望,通过一系列丰富的一手资料,能使小组研究成员更深刻地了解研究背景并在进行课题研究的同时,能对那些战争受害者进行力所能及的人道主义关怀。

通过模拟联合国活动,希望同学能够达成下面四个目标。

第一,通过会议,了解联合国流程,站在不同的立场对国际事务进行思考;

第二,思考社会,关注社会上存在的各种问题并思考可行的解决方案;

第三,深入社会,用力所能及的实际行动为社会带去温暖及关怀;

第四,确立志向,树立正确的世界观、人生观、价值观,规划未来。

六、知识竞赛型活动

知识竞赛型活动指以班级或年级为单位开展政治知识、时政知识竞赛。知识竞赛型活动旨在激发学生学习政治学科的兴趣,丰富学生的学习生活,提升学生的政治学科素养。知识竞赛型活动要融知识性、竞争性、趣味性于一体,兼顾个人抢答与团队合作,设置一定的奖励,尽力营造轻松愉快的氛围,调动学生的积极性,让学生在竞赛中增进感情,学到知识。

知识竞赛型活动案例如下所示。

【活动设计】

"一站到底"高中政治趣味知识竞赛

本次高中政治趣味知识竞赛面向全体高二学生展开,竞赛内容以高中政治常识为主,包括选择题、填空题、判断题等,比赛形式模仿"一站到底",分团体赛和个人赛,每班推荐5人组成队伍参加团体赛,鼓励其他有兴趣的同学参加个人赛。

【设计说明】

知识竞赛强调趣味性,旨在吸引更多同学参加;竞赛内容以选择题、填空题等为主,减轻学生的备赛压力;竞赛形式包含团体赛和个人赛,既能锻炼学生团队合作的能力,又能提高活动覆盖面,让更多学生有参与机会。总之知识竞赛是学生学习之余的调剂,是学生在玩中学的好方法。

七、社会实践型活动

社会实践型活动指利用周末或寒暑假组织学生走出校门进入社会,引导学生运用课堂所学的理论和观点更好地考察社会现象。社会实践型活动旨在提高学生理解分析问题的能力和政治思想觉悟水平。社会实践活动设计要注意难度适宜,可以从参观走访开始逐步过渡到问卷调查和访谈,还要注意不宜把战线拉得过长,不宜多点作战,应当就近就地以团队的形式进行短期调研,并配备指导老师,保障学生调研过程中的安全。

社会实践型活动案例如下所示。

【活动设计】

毛泽东论"党和非党关系"

1956年2月后，毛泽东用了两个多月的时间先后听取了中央34个部委的汇报，汇报的内容主要是有关经济建设问题的调查研究。关于正确处理十大关系的思想，就是在这个基础上，经过中央政治局的几次讨论，由毛泽东集中概括出来的。同年4月25日，毛泽东在政治局扩大会议上作了《论十大关系》的报告。

《论十大关系》之"党和非党关系"原文：

"究竟是一个党好，还是几个党好？如今看来，恐怕是几个党好。不但过去如此，而且将来也可以如此，就是长期共存，互相监督。

在我们国内，在抗日反蒋斗争中形成的以民族资产阶级及其知识分子为主的许多民主党派，如今还继续存在。在这一点上，我们和苏联不同。我们有意识地留下民主党派，让他们有发表意见的机会，对他们采取又团结又斗争的方针。一切善意地向我们提意见的民主人士，我们都要团结。像卫立煌、翁文灏这样的有爱国心的国民党军政人员，我们应当继续调动他们的积极性。就是那些骂我们的，像龙云、梁漱溟、彭一湖之类，我们也要养起来，让他们骂，骂得无理，我们反驳，骂得有理，我们接受。这对党，对人民，对社会主义比较有利。

中国如今既然还有阶级和阶级斗争，就不会没有各种形式的反对派。所有民主党派和无党派民主人士虽然都表示接受中国共产党的领导，但是他们中的许多人，实际上就是程度不同的反对派。在'把革命进行到底'、抗美援朝、土地改革等问题上，他们都是又反对又不反对。对于镇压反革命，他们一直到如今还有意见。他们说《共同纲领》好得不得了，不想搞社会主义类型的宪法，但是宪法起草出来了，他们又全都举手赞成。事物常常走到自己的反面，民主党派对许多问题的态度也是这样。他们是反对派，又不是反对派，常常由反对走到不反对。共产党和民主党派都是历史上发生的。凡是历史上发生的东西，都要在历史上消灭。因此，共产党总有一天要消灭，民主党派也总有一天要消灭。消灭就是那么不舒服？我看很舒服。共产党，无产阶级专政，哪一天不要了，我看实在好。我们的任务就是要促使它们消灭得早一点。这个道理，过去我们已经说过多次了。

但是，无产阶级政党和无产阶级专政，如今非有不可，而且非继续加强不可。否则,不能镇压反革命,不能抵抗帝国主义,不能建设社会主义,建设起来也不能巩固。列宁关于无产阶级政党和无产阶级专政的理论,决没有像有些人说的那样'已经过时'。无产阶级专政不能没有很大的强制性。但是,必须反对官僚主义,反对机构庞大。在一不死人二不废事的条件下,我建议党政机构进行大精简,砍掉它三分之二。

话说回来,党政机构要精简,不是说不要民主党派。希望你们抓一下统一战线工作,使他们和我们的关系得到改善,尽可能把他们的积极性调动起来为社会主义服务。"

请以小组为单位,于寒假分组前往孙中山故居、宋庆龄故居等著名党外爱国人士主题教育基地,与场馆方沟通,取得同意后在场馆内外表演集体诵读《党与非党关系》全篇或节选。

操作参考:① 改编文本须充分考虑表演受众人群、时长,以及毛泽东口语表达的特点,删繁就简,突出重点,注重提取其观点精华;② 表演过程中,可以适当增加不同演员之间的轮诵和对诵,增加"一问一答"的舞台呈现效果,以突显毛泽东表述中的思维逻辑;③ 如条件允许,可以考虑使用毛泽东的湖南方言进行表演,增加现场感染力。

【设计说明】

把朗诵、情景剧表演等学生课堂活动引入高中思政课堂,在指导学生对历史文本进行深刻理解的基础上,进行情感升华和理性思考,通过情境演绎的方式再现历史场景,使学生深刻洞察毛泽东论"党与非党关系"的伟大政治智慧,树立了中国特色社会主义的道路自信、理论自信、制度自信和文化自信,实现对本课时"只有中国共产党才能发展中国"设计目标的完成。

第四节　单元教学活动设计范例

"分享小报"大辩论

中国共产党领导地位的确立是中国近代历史发展的必然结果。同学们在参观完中共一大会址之后,每个小组按照要求分别做了相应的小报。下面是其中一个小组的展示。

(1) 1859年，洪仁玕总理朝政。他拟定了一个发展资本主义的纲领——《资政新篇》。然而，《资政新篇》未能实施，太平天国运动也最终失败了。

中国近代
历史事件

(2) 1898年，康有为向光绪皇帝力陈变法主张。然而，戊戌变法历时103天就夭折了。变法志士谭嗣同就义时悲愤高呼："有心杀贼，无力回天。"

(3) 1911年爆发的辛亥革命结束了在中国延续两千多年的君主专制制度，建立了共和政体，铲除了帝国主义和封建势力在中国统治的根基，改变了中国半殖民地半封建社会的性质。

(4) 1917年，十月革命一声炮响，给中国送来了马克思列宁主义。1919年五四运动的爆发，标志着中国由旧民主主义革命向新民主主义革命的转变。1921年，在马克思列宁主义同中国工人运动的结合过程中，中国共产党应运而生。

(1) 此份小报中有一处隐藏得比较明显的错误，请指出。

(2) 选择复兴之路，在当时世界发展的大格局下，帝国主义决不允许中国走资本主义道路强大起来。对于资本主义道路在中国的发展问题，同学们进行了激烈的辩论。

观点一：　　　　　　观点二：

资本主义道路
在中国走不通

社会主义道路
在中国走得通

请同学们就两组辩论的结果进行汇总，并请展示两组观点的共同之处。

【答案示例】

（1）小报中的错误之处在于：1911年爆发的辛亥革命结束了在中国延续两千多年的君主专制制度，建立了共和政体。但未能铲除帝国主义和封建势力在中国统治的根基，更没有改变中国半殖民地半封建社会的性质。

（2）双方辩论的结果汇总展示如下表所示。

表6-1　辩论结果汇总

资本主义道路在中国走不通	社会主义道路在中国走得通
帝国主义入侵中国的目的是要把中国变成它们的殖民地或半殖民地，维护其在华特权，它们决不允许中国通过走资本主义道路强大起来，成为自己的竞争对手	当时半殖民地半封建社会的背景下，资本主义发展的现状具有两面性。一方面有斗争的需要，一方面有软弱的表现
中国的封建势力同帝国主义相勾结，严重阻碍了民族资本主义经济的发展	1917年十月革命的隆隆炮声，给中国送来了马克思列宁主义。1919年五四运动开始，中国工人阶级作为先进的社会力量崭露头角
中国民族资产阶级的力量十分弱小，并且与封建主义和外国资本主义有着千丝万缕的联系，所以具有软弱性和	1921年7月，中国共产党应运而生，中国共产党领导中国各族人民找到了一条以农村包围城市、武装夺取政权
妥协性的特点，不能承担起领导中国人民完成反帝反封建的民主革命的使命	的正确革命道路，经过28年浴血奋战和顽强奋斗，完成了新民主主义革命，建立了社会主义制度

表6-2　题目属性分析

题目编码	所属课时	对应目标编码	目标维度与学习水平	题目类型	题目完成方式	题目难度	预计完成时间	题目来源	是否为某一大题拆分	备注栏
Z1005	02	ZZ1120615	技能	非书面	合作类	中等	10	原创	否	跨课时作业

【评分量表】

评分观察的行为特征：能在特定政治现象的语境中，准确、连贯和完整地阐述与政治有关的知识之间的内在逻辑。

表 6-3　评分量表示例

分　值	等 级 描 述	分 数 解 释
9—10分	完整阐述资本主义在中国行不通的三个外部或者内部因素、只有中国共产党才能救中国的内外因,正确阐述党和国家政权之间的关系	能在特定政治现象的语境中,准确、连贯和完整地阐述与政治有关的知识之间的内在逻辑
5—8分	阐述资本主义在中国行不通的两个外部或者内部因素、只有中国共产党才能救中国的内因或者外因,阐述党和国家政权之间的关系	能在特定政治现象的语境中,较准确、连贯地阐述与政治有关的知识之间大部分的内在逻辑
1—4分	阐述资本主义在中国行不通的1个外部或者内部因素、只有中国共产党才能救中国的原因	能在特定政治现象的语境中,较准确、连贯地阐述与政治有关的知识之间部分的内在逻辑
0分	没有应答或应答与试题无关	缺乏在特定政治现象的语境中,准确、连贯和完整地阐述与政治有关的知识之间的内在逻辑的能力

【设计说明】

实践是认识的目的和归宿。本题通过"分享小报"大辩论,找出小报设计中的错误,考察学生理论知识的运用程度,在此基础上,通过辩论赛的载体,提升学生的实践能力和政治参与意识,坚定社会主义信仰,对标党和国家政权的关系,达成作业设计的第四个层次,完成作业不仅是一种任务,也是一种家国情怀。

新一轮课程改革提出了将思想政治学科建设为活动型学科的新要求,活动型学科是课内课外活动的统筹兼顾,包括课程内容活动化和活动设计内容化,设计行之有效的教学活动有利于打通教材的各个板块,实现不同课本乃至不同学科之间知识的融会贯通,对于培养学生核心素养具有重要作用。

本章阐述了单元教学活动设计的一般方法论,指出教学实践中需要警惕将教学活动简单理解为课堂上的"说一说"或课后的"玩一玩"的错误倾向,教学活动设计要以培养学科核心素养为目标,要着力提高教学活动的创新性、可操作性、系统性,将教学活动与课程内容、时代要求有机结合等。

本章将单元教学活动按照活动形式的不同将单元教学活动分为文创设计型活动、案例分析型活动、文本研读型活动、议题评析型活动、情景模拟型活动、知识竞赛型活动、社会实践型活动等类型,不同的活动类型要遵循不同的设计路径,在立足一般方法论的基础上做出有针对性的调整,本章附上了相应案例以供参考。

总而言之,单元教学活动的设计有其必要性和重要性,思政课教师应当高度重视单元教学活动的设计,在保证单元教学活动设计的科学性、合理性、可行性的基础上,提高单元教学活动的创新性、系统性,使单元教学活动成为培养学生核心素养、促进学生全面发展的有效抓手。

第七章
单元作业设计的原则与方法

第一节　单元作业设计研究背景

进入新时代,大中小学教育改革不断推进,新时代教育理念及培养方法为我们推进单元作业设计的改革提出了新的要求。2019 年 6 月,教育部印发《国务院办公厅关于新时代推进普通高中育人方式改革的指导意见》(简称《意见》),《意见》指出普通高中的教育要"坚持以习近平新时代中国特色社会主义思想为指导,全面贯彻党的教育方针,落实立德树人根本任务,发展素质教育,遵循教育规律",应当"围绕凝聚人心、完善人格、开发人力、培育人才、造福人民的工作目标,深化育人关键环节和重点领域改革,坚决扭转片面应试教育倾向,切实提高育人水平,为学生适应社会生活、接受高等教育和未来职业发展打好基础,努力培养德、智、体、美、劳全面发展的社会主义建设者和接班人"。① 这一总体要求指明了新时代我国高中教育的发展方向,即由应试教育模式向全方位素质教育的转向,这一总体方针为我们思考如何设计单元作业提供了基本遵循。

结合国家教育改革方针,反思当下的单元作业设计,我们发现在实践中存在一些问题。首先,作业、试卷总体设计中彰显核心价值的手段不够丰富。在学科作业的总体设计中,彰显核心价值是最为重要的功能。但我们在试题命制的过程中,依然存在手段单一的问题。其次,作业、试卷对关键能力考察力度有待加强。一般而言,作业、试卷的设计对标了学科核心素养,但却忽视了学科核心素养在于关键能力的习得,在设计实践中缺失了对关键能力的考察。最后,作业、试卷题型设计中对创新性试题的探索力度须进一步提升。目前看来,许多优秀案例的作业、试卷题型设计中,受限于现有题型,较少有对新试题呈现方式和设问方式的创新。

---

① 国务院办公厅关于新时代推进普通高中育人方式改革的指导意见[EB/OL].(2019-6-12)[2022-6-29].https://www.eol.cn/zhengce/guizhang/202008/t20200830_2004079.shtml.

综上所述,我们发现当下单元作业设计多有应用经验,但归根结底存在"方法论体系缺位"的问题,没有立足于经验总结和样例启发的方法论指导,单元作业的设计也就难以真正彰显新时代的高中教育理念,承接全方位育人的教育使命。因此,本章节将围绕"如何进行单元作业设计?"这一核心问题,就作业设计的方法论层面进行探讨。

第二节　单元作业设计的一般性原则

单元作业设计的方法论需要实现理论意义和实践意义的"双驱动",既保障作业设计方法论的启发性,又赋予方法在具体落实中的可操作化。单元作业设计的方法论由一般性原则和操作化方法组成,首先作业设计具有四项一般原则,即:理念驱动、课标驱动、实践驱动和学生驱动。在一般性方法的指导下,具体落实到工作层面有四项实施方法,即理论抬升、发展特色、优化评价体系和不断创新等方面,通过可操作化的实施方法提高作业的"设计站位",牢牢把握学生的学习动能。

一、理念驱动:坚持价值和理念引领

核心价值与理念是能够通过学科教学和社会实践,在学科中起着价值引领作用的、最基础最持久的思想观念体系,是面对现实的问题情境时应当表现出的正确的情感态度与价值观的综合。

在单元作业设计中,教育理念对教师和教学研究者产生了最直接的影响,设计作业和试卷题型的老师们需要对各类先进教育思想有着全面而精准的把握,自身的教学经验也要能够熟练应用,贯彻国家教育方略和创新教育理念是单元作业设计的思维基础。然而,设计单元作业的根本目的是促进对学生的培养,根本任务是立德树人,教育领域的价值理念尽管意在服务学生但并不是立足学生群体构建的。因此,在作业设计中应当进一步拓宽价值理念领域,将培养学生的政治思想、社会关怀、世界视野等内容也纳入作业设计的思想域之中,通过"寓学于教"来丰富价值引领,做到"师生同教、师生同学"。从价值理念引领来看,单元作业设计最终要真正实现对"堆砌教育理念"发展模式的超越,构建作业设计中"教学交融"的师生共同体。

二、课标驱动：扎实落实课程标准要求

相对于课程教学，作业设计目标和教学目标并不是一个层面的概念。教学目标是关于教学将使学生发生何种变化的明确表述，它是在教学活动中所期待得到的学生的学习结果。[①] 从这个角度来看，作业是对于学习结果的具体体现之一，是学生对于学习过程形成的反馈结果。

因此，单元作业设计并不能套用教学目标的写法，作业内容应当更加鲜明地突出课程标准所要求的知识储备与能力素养。课程标准作为对标当下应试教育体系最为直接、全面的培养纲要。只有扎实落实课标要求才能对学生的学习收获有一个明确预期，在此基础上利用单元作业对学生的学习反馈进行规范化引导，培养学生形成完善的知识体系和能力体系。

三、实践驱动：作业设计要从实际出发

从实际出发是我们开展工作的基本原则，这一原则在单元作业设计中同样具有丰富的实践意义。在贯彻课标要求的体系框架下，作业设计要密切结合具体的"教情、学情"，目标设置要科学、系统地对接培养要求，要精准把握所处教育环境的现实特色与实际需要。

与此同时，单元作业设计不仅仅要在目标和要求上务实，作业内容和形式的设计更要立足实践。首先老师应当合理规划作业内容，坚持问题导向，带动学生学习和解决真问题；其次，在形式上注重发挥学生利用作业进行二次巩固的学后余热，让单元作业在呈现出结果的同时进一步发展为新的学习过程。通过科学、务实的作业内容及创新的形式设计，促进学生在有限的时间里进行更为高效的深度学习。

四、学生驱动：坚持以学生为导向

从教育心理学的角度来看，学生的身心发展由于先天禀赋和后天诸多因素的

---

① 中华人民共和国教育部.普通高中思想政治课程标准（2017 年版 2020 年修订）［M］.人民教育出版社，
2020：6—7.

影响,存在许多差异。单元作业的设计要最大程度发展不同学生的学习能力和学习热情,让学生在学习结果的反馈中获得最大程度的成功感。

对此,单元作业设计需要采取分层选做、难度逐步递进的策略,让具有不同学习特质的学生能够自由选择适合自己的作业习题,充分调动各类学生的积极性,从研究素养和实践素养等不同方面发展学生兴趣、捕捉发展倾向,既要逐步提高学生的综合素质也要实现每个学生的个性发展,使其在学习中获得核心竞争力的发展和自我价值的实现。

第三节　可操作化：单元作业设计实施方法

可操作化方法是单元作业设计中践行一般原则的行动路径,目的在于为作业的设计理念搭建现实基础。

一、以理论价值抬升作业价值

在高中思想政治课的学习中,理论与现实相脱节在过去是广泛存在的问题,由于教学内容涉及政治生活等上层建筑以及哲学价值观与意识形态,这就需要作业设计既兼顾学理性又真正融入学生的认知发展中,让学生在做作业时产生与政治理念、哲学思想的共鸣,这样才能真正提高单元作业的实际站位与价值。

例如在社会主义核心价值观的学习中,作业、试卷设计中要提高内容的政治站位,加强理论引导和价值熏陶,将核心价值观融入作业考核中,凸显高中思政课德育课程的地位,通过思政理论价值抬升单元作业价值。

二、贯彻教育纲要,优化评价体系

基于课标驱动的一般原则,单元作业设计需要进一步深化对知识体系、关键能力和核心素养内涵的理解。新课标和《中国高考评价体系》(简称《评价体系》)

全面阐明了高中阶段的学习体系,鲜明突出了对高中学生关键能力和核心素养的培养要求,因此新课标和《评价体系》设立的规范是进行单元作业设计的根本遵循。基于学科素养导向,承接学科素养的具体要求,结合当前高中生认知发展的实际情况,明确关键能力群的具体指向,开发基于高中思想政治学科的关键能力考察方式和评价指标,在此基础上有梯度、有层次、有条理地推进各学科单元作业的开发。

单元作业作为一种结果导向的学习反馈,其基本任务之一是为老师提供评估参考,因此作业、试题评价体系从根本上决定了作业设计的主体结构。研制作业试题需要不断发展、优化评价体系,"以考促教、以题促学",把对关键能力的培育和发展落到具体的作业、试卷命制中,进一步整合提升单元作业的评定、诊断、改进功能。

三、因地制宜,发展自身特色

坚持实践驱动应用在不同的教育环境中就是要做到"因地制宜",在政策引领下积极适应本地教育环境、满足教育需求。一方面,作业设计要能切实反映市情、区情和学情,针对不同地区的教育政策做出调整,在推动单元作业积极融入"双减"政策的同时也要确保学生的学习质量。另一方面,单元作业设计要利用好自身资源,让文化背景和生活环境嵌入作业中,形成带有地域特色的教育产品。

例如杨浦区在丰富思政课作业内容时,积极利用上海市的城市平台和丰富资源,设计了具有上海特色的单元作业拓展材料,如下所示。

【广视野·纵横比较】

"背靠长江水,面向太平洋,领中国开放风气之先"[①]

CHINA INTERNATIONAL IMPORT EXPO

中国国际进口博览会

举办地点　国家会展中心(上海)

主办单位　中华人民共和国商务部

　　　　　上海市人民政府

---

① 本部分素材由上海交通大学附属中学胡杰、范凤美、程勇、常妮、黎冀湘老师和上海市杨浦高级中学朱忠壹老师提供。在此谨表感谢,文责自负。

合作单位　世界贸易组织

联合国贸易和发展会议

联合国工发组织等国际组织

承办单位　中国国际进口博览局

国家会展中心(上海)有限责任公司

2017 年 5 月,中共中央总书记、国家主席习近平在"一带一路"国际合作高峰论坛上宣布,中国将从 2018 年起举办中国国际进口博览会。

举办中国国际进口博览会是中国政府坚定支持贸易自由化和经济全球化、主动向世界开放市场的重大举措,有利于促进世界各国加强经贸交流合作,促进全球贸易和世界经济增长,推动开放型世界经济发展。

中国政府诚挚欢迎各国政要、工商界人士,以及参展商、专业采购商参展参会,拓展中国市场。我们愿同世界各国和国际组织一道,努力把中国国际进口博览会打造成国际一流的博览会,为各国开展贸易、加强合作开辟新渠道,促进世界经济和贸易共同繁荣。

(图文来源:上海进博会门户网站 https://www.ciie.org/,文字有删动)

丰富作业形式、创新命题设计,意在激发学生的作业兴趣,贯彻学生导向。作业目标的实现必须要使用多样化的题型来承载,一般而言,除书面常规作业外,还需要探索活动题、合作题、开放题、综合实践等类型的作业,在作业和试卷的内容、题型、完成方式等方面也要积极研究新颖、可操作的方案。单元作业设计的创新是要鼓励学生摆脱思维定式,激发他们的创新思维,借助社会实践、跨学科和"大中小一体化"中的高校经验等途径实现全方位育人的目的。

例如在经济生活部分,作业设计可以采取课堂活动的形式来呈现,如下所示。

经济与生活:向往的生活[①]

【材料】

近年来,居民消费强劲增长,成为推动中国经济稳步增长、经济结构转型升级

---

① 本部分素材由上海理工大学附属中学廖艺精、陈莫、杨来娣、叶英姿老师,复旦大学附属中学丁恒、黄英樱老师提供。在此谨表感谢,文责自负。

的主要动力。业内专家表示,随着居民可支配收入不断提高,消费主体个性化需求特征明显,大量新兴消费品和服务开始涌现,这也进一步体现了居民的消费倾向,改变了消费结构,进而推动了居民消费的升级。此外,居民对消费提出更高的要求,也会对相应的消费和生产领域产生促进作用,居民消费的变化,将倒逼我国经济结构持续调整,转变生产方式。

活动:课堂模拟

《假如我是发改委》

以4—5人为单位进行讨论,参考材料中的文字与图片,以"顺应居民消费提质转型升级的大趋势,持续推进扩消费行动"为议题,结合我国现状思考并分析:

(1) 居民的消费发生了哪些变化?

(2) 为什么要扩大居民消费?

(3) 如何扩大居民消费?(可从国家、企业、个人等角度进行分析)

【答案示例】

(1) 消费水平、消费结构、消费效益、消费潜力。

(2) 扩大居民消费需求的原因:

① 消费对生产具有反作用,坚持扩大内需特别是消费需求的方针,有利于拉动经济增长,扩大就业。

② 促进经济增长由主要依靠投资、出口拉动向依靠消费投资、出口协调拉动转变,是我国加快转变经济发展方式,促进国民经济又好又快发展的要求。

(3) 扩大居民消费需求的措施:

① 最根本的途径是贯彻落实科学发展观,大力发展生产力,提高居民收入。

② 政府要加强宏观调控,综合运用多种手段,保持供给平衡,保持物价稳定。

③ 政府要完善分配制度,促进收入分配公平,初次分配与再分配领域都要注重公平:统筹区域和城乡协调发展缩小差距,提高社会总体消费水平。

④ 健全社会保障体系,提升居民的消费信心。

⑤ 培育新的消费热点加快消费结构升级,开发利用国内国际市场,尤其是开拓农村市场,充分发挥消费对生产的促进作用。

第四节　单元作业设计的范例

新课标对思想政治学科的核心素养和学习水平进行了划分。学习水平要求贴合每一阶段的考核需要,为作业、试题设置提供了阶段性的评价标准,是我们规划学习进度的有力依据。同时,新课标提出了高中思政课需要培养学生树立的核心素养,从价值认知到行动指南四大方面阐明了当下对学生的新要求,这为单元作业设计提供了内在目标指南。

一、单元作业设计维度

1. 水平要求维度

新课标把思政课程的学习水平划分为四个层次,通过纵向的学习过程规范了作业内容设置的深度,即从初步涉猎到解决深度问题依次满足"基础学习—合格考试—深度学习—应对高考"四个阶段。其中水平2和水平4规定了合格考试和高考的知识、能力标准,是单元作业设计最直接的对标内容。

合格考试主要针对未选择思想政治科目的学生设立。基于合格考试的标准,单元作业和试题的设计主要落脚在一般情境问题上,考察要求要对基础性的文本知识做简单抽象,问题的核心概念定位在归纳、总结层面,学生解决该类问题以解释现象为主,这一阶段需要训练学生解释一般问题的能力。在合格考试之上,满足高考的水平要求更加严格,作业、试题要能够对标具有挑战性的复杂问题,调动学生灵活运用抽象概念和扎实的基础知识,启发学生发挥辩证思维方法分析问题,提出合理化的解决方案。

2. 素养类型维度

新课标给学生设立了四项核心素养,即政治认同、科学精神、法治意识和公共参与,四个核心素养涵盖了从价值思维到现实关怀的不同层面,体现了新时代社会发展对青少年学生的素质期望。

首先,在政治认同方面,作业、试题的设计要融汇中国特色社会主义理论内涵,深化政治价值和信仰引导,将理念驱动落到单元作业的实处。其次,单元作业设计要启发学生的科学精神,将哲学方法论导入作业试题的探究方法中,树立学生的批判思维、辩证思维,训练学生深入思考问题的能力。再次,积极塑造学生的法治意识,作业内容要依托生动的生活化案例让学生切身体会法律行为规范,进而对中国特色法治体系有全面、系统的认识和理解。最后,单元作业要培养学生的公共参与意识,在发挥作业书面教育的同时积极利用实践教学,加深学生的社会参与体验,培养学生对公共领域的责任意识与青年担当。

二、作业设计范例

政治与法治：中国共产党执政是历史与人民的选择(节选)①

1. 单元作业总体逻辑设计说明

本单元设计的主题是以"史上最牛的创业团队"98周年的发展历程为时间线上的纵轴,分成三个篇章。

表 7-1　设计主题示例

	史上最牛创业团队		
作业设计主题	1921 年到 1949 年	1949 年到 2011 年	2012 年至今
	篇章一 只有中国共产党才能救中国	篇章二 只有这个共产党才能发展中国	篇章三 只有这个共产党才能带领中国人民实现中华民族伟大复兴

2019 年 3 月,习近平总书记在学校思政课教师座谈会上的讲话提出,落实立德树人根本任务、培养担当民族复兴大任的时代新人,思政课教师队伍使命光荣,责任重大,总书记对新时代思政课教师队伍建设提出了六个基本要求——政治要强、情怀要深、思维要新、视野要广、自律要严、人格要正。根据习近平总书记的讲话精神,结合思政课的教学实际,《立党为公　执政兴国》单元作业设计团队对政治

---

① 本部分素材由上海交通大学附属中学胡杰、范凤美、程勇、常妮、黎冀湘老师和上海市杨浦高级中学朱忠壹老师提供。在此谨表感谢,文责自负。

强、情怀深、思维新、视野广四个维度进行了合理设计。同时将自律要严、人格要正有机渗入学习任务设计中,潜移默化达到预定目标。

《立党为公 执政兴国》单元作业设计的总体逻辑分为"广视野·纵横比较""新思维·辩证逻辑""强政治·坚定信仰""深情怀·社会实践"四个板块,将这四个板块进行有机整合,形成了单元作业的四个层次,每一个层次都有不同的要求,逐级递进代表我们对学生评价要求的提升。

具体如下表所示。

表7-2 作业设计的总体逻辑

总体逻辑	具体要求	设计意图
广视野·纵横比较	注重学生宽阔的知识视野,材料选取上注意将历史视野、国际视野、知识视野进行融入	注重基础知识,强调作业设计的基础层次,培养学科知识素养
新思维·辩证逻辑	强调学生知识面拓展之后,对已经获取的丰富知识进行消化吸收,从平常的知识中寻找背后的理论逻辑,从一方面内容反思融通到另一方面内容	通过学生的思维反转,在一定程度上提升学生的思维含量
强政治·坚定信仰	强调学生的信念、信心、信仰并不是天上掉下来的,它需要我们通过科学理论进行论证,没有科学的理论,就无法从认知层面信任,更不会有信仰	坚定信仰: 1. 只有中国共产党才能救中国。 2. 只有中国共产党才能发展中国。 3. 只有中国共产党才能带领中国人民实现中华民族伟大复兴。 使学生认同并拥护党的领导,党是最高政治领导力量
深情怀·社会实践	学生通过前三个层次理论练习后,能够把理论知识综合运用到社会实践中。把对党和祖国内心深层处的持久的情感,通过现实的载体外化出来,其核心用意在于勇于表达和运用	最高层次: 在作业设计过程中,注重引导学生把作为"个体的小我"与作为"集体的家国大我"进行有机结合,完成作业不仅是一种任务,也是一种家国情怀

2. 案例正文

单元作业

我们办中国特色社会主义教育,就是要理直气壮开好思政课,用新时代中国特色社会主义思想铸魂育人,引导学生增强中国特色社会主义道路自信、理论自信、制度自信、文化自信,厚植爱国主义情怀,把爱国情、强国志、报国行自觉融入坚持和发展中国特色社会主义事业、建设社会主义现代化强国、实现中华民族伟大复兴的奋斗之中。

——习近平

Z0001:

表7-3 千里之行始于足下:单元作业自主学习单

作业主题	史上最牛的创业团队	
学习目标	结合生活实际和社会实践活动,了解中国共产党的性质、宗旨和指导思想,明确党的执政地位是历史和人民的选择;阐释中国特色社会主义政治制度的基本内容、鲜明特点和主要优势;知道中国共产党是领导一切的最高政治力量,自觉拥护中国共产党的领导	
活动项目	任务明细	学习建议
寻找合作者	8个小组,每组4—6人 组长:_____ 队员:_____	组长负责制,组员之间考虑到分工协调与各自所长;组长将小组成员报给任课老师
自主学习	1. 自主阅读《中国共产党章程》,了解中国共产党的性质、宗旨和指导思想。查阅中共一大和中共二大会议照片和图片音像资料,了解两次会议的历史背景和主要贡献。 思考:为什么只有中国共产党才能救中国? 2. 回顾中国特色社会主义各项政治制度设计的特点和优势。查找并分析美国、英国等发达资本主义国家多党制的运作机理和三权分立的政治制度设计,找出其存在的本质缺陷。 思考:为什么只有中国共产党才能发展中国? 3. 观看《必由之路》《大国工匠》《厉害了我的国》《将改革进行到底》等影视纪录片。 思考:为什么只有中国共产党才能带领中国人民实现中华民族伟大复兴?	充分利用网络资源;图书馆馆藏资源;中国知网文献

续　表

作业主题	史上最牛的创业团队	
实践体验	1. 分组采访学校老师中的优秀共产党员，了解他们在教育教学工作中的先进事迹。 2. 邀请自己所在学校的退休党支部党员教师进班级讲述自己的奋斗历程，从中汲取为了"初心"而不断奋斗的精神力量	录制小视频； 制作 PPT

表 7-4　题目属性分析

题目编码	所属课时	对应目标编码	目标维度与学习水平	题目类型	题目完成方式	题目难度	预计完成时间	题目来源	是否为某一大题拆分	备注栏
Z0001	00	ZZ1120615	技能	非书面	非书面其他	中等	20	原创	否	跨课时作业

【设计说明】

本任务单是进入这个单元的整体课前预习作业，不涉及具体的知识点，既有书面作业也有适当实践作业，只是导入和预热，体现本单元的接地气，微观切入，让学生对本单元有一个宏观的整体了解。

【篇章一】

只有中国共产党才能救中国

本篇章单元整合具体知识及能级要求总览如下表所示。

表 7-5　单元整合具体知识及能级要求示例

具体知识	能级要求	具体学习水平界定
中国共产党的领导地位是历史和人民的选择	B1：解释知识实质：解释经济、哲学、政治的基本概念、原理。 B3：知识的关系：阐述经济、哲学、政治有关知识之间的内在逻辑。 B6：原因：运用经济、哲学、政治的基本概念、原理解释社会现象产生的原因、预测社会现象的发展趋势或可能结果	理解中国共产党的领导地位的确立是历史和人民的选择，阐述坚持中国共产党领导的历史和现实的必然性

续　表

具 体 知 识	能 级 要 求	具体学习水平界定
中国共产党的领导地位是由党的先进性决定的	B1：解释知识实质：解释经济、哲学、政治的基本概念、原理。 B2：知识的异同：比较经济、哲学、政治有关知识之间的区别。 B3：知识的关系：阐述经济、哲学、政治有关知识之间的内在逻辑。 B6：原因：运用经济、哲学、政治的基本概念、原理解释社会现象产生的原因、预测社会现象的发展趋势或可能结果	阐释中国共产党的先进性，理解中国共产党的领导地位是由党的先进性决定的，运用中国共产党的先进性的知识分析解释坚持党的领导的原因
国家政权的含义	A2：识记教材：在与教材相似的情境中再认或再现经济、哲学、政治的基本概念、原理。 A3：列举反映经济、哲学、政治的基本概念、原理的社会现象，并说明两者的一致性。	识记国家政权的含义，列举或辨认国家政权在政治生活中的核心地位，理解我国国家政权的首要标志是工人阶级（通过党）的领导
人民军队是我国政权的主要成分	A4：运用经济、哲学、政治的基本概念、原理说明或辨认社会现象。 B3：知识的关系：阐述经济、哲学、政治有关知识之间的内在逻辑	识记人民军队是我国政权的主要成分，理解加强国防和军队建设，首先要坚持党的领导

【广视野·纵横比较】

Z1001：

"开天辟地"

中共一大会址

　　梧桐掩映处,小巧精致的石库门民居,青砖黛瓦,黑漆大门挂着铜环,金黄的朝阳下,鲜红旗帜高高飘扬。上海,兴业路76号(原法租界望志路树德里106号),正是红色的起点——中国共产党第一次全国代表大会会址。

　　1921年7月23日,中国共产党第一次全国代表大会,就是在这幢砖木结构的两层石库门楼房召开。会议宣告了中国共产党的正式成立。这是中国历史上开天辟地的大事件,由此,中国革命的面目焕然一新。

　　会议通过了《中国共产党党纲》《关于当前实际工作的决议》,选举了党的领导机构。党的一大通过的党纲主要内容有:确定党的名称是中国共产党;党的性质是无产阶级政党;党的奋斗目标是以无产阶级革命军队推翻资产阶级的政权,消灭资本家私有制,由劳动阶级重建国家,承认无产阶级专政,直到阶级斗争结束,即直到消灭社会的阶级区分;党的基本任务是从事工人运动的各项活动,加强对工会和工人运动的研究与领导;党的组织方面的规定为,在全党建立统一的组织和严格的纪律,地方组织必须接受中央的监督和指导等。

　　一大通过的《关于当前实际工作的决议》,确定党成立后的中心任务是组织工会和教育工人,领导工人运动,对党领导工人运动的任务、方针、政策和方法都提出了规定或要求。

　　(图文来源:中国共产党新闻网 http://cpc.people.com.cn/,文字有删改)

　　(1) 1921年7月,中国共产党应运而生。从此,领导反帝反封建的革命斗争、争取民族独立和人民解放的历史使命,落到了中国共产党身上。中国人民从长期奋斗历程中得到的最基本最重要的结论是(　　)(针对合格考考生)

　　A. 没有共产党,就没有新中国

　　B. 军队是国家政权的主要成分

　　C. 政治的核心是国家政权建设

　　D. 中国共产党是有先进性的

　　(2) 建党伊始,中国共产党就在自己的纲领文件中开宗明义确立了坚持马克思列宁主义,鲜明写下"工人阶级""无产阶级"这些字句。尽管处于初创阶段,但奠定了我们党的前进方向和基石。中国共产党一开始就鲜明写下"工人阶级""无产阶级"这些字句表明(　　)(针对等级考考生)

　　A. 中国共产党居于领导核心地位

　　B. 中国共产党是工人阶级的先锋队

C. 党的领导地位是历史和人民的选择

（3）上海有哪几所烈士陵园？你知道长眠在那里的一些在革命战争年代牺牲的共产党员的英勇事迹吗？

_____

_____

【答案示例】

（1）A；　（2）B；

（3）龙华烈士陵园。除此之外，上海县辖区的烈士陵园有高桥烈士陵园、宝山烈士陵园、嘉定区革命烈士陵园、松江区烈士陵园、金山区革命烈士陵园、南汇区烈士陵园、奉贤区烈士陵园、青浦西（东）乡革命烈士陵园、崇明县烈士馆、川沙烈士陵园、闵行区烈士陵园。

龙华烈士陵园中长眠着民主革命时期的抗英爱国将领陈化成、"革命军中马前卒"邹容、中共创建时期的重要领导人张太雷、蔡和森、瞿秋白等，"陈氏革命两兄弟"、"军委四烈士"、龙华"二十四烈士"、中国共产党的党外亲密战友邓演达、卓越的科学文化战士邹韬奋、国民党爱国将领谢晋元、用生命发出"永不消逝的电波"的李白，以及在社会主义革命和建设中牺牲的烈士吕世才、盛铃发等。

表 7-6 题目属性分析

题目编码	所属课时	对应目标编码	目标维度与学习水平	题目类型	题目完成方式	题目难度	预计完成时间	题目来源	是否为某一大题拆分	备注栏
Z1001(1)	01	ZZ1120601	B理解	选择题	书面	较低	0.5	原创	否	
Z1001(2)	01	ZZ1120602	B理解	选择题	书面	中等	1	原创	否	
Z1001(3)	01	ZZ1120601	B理解	简答题	跨学科运用类	中等	2	原创	否	

【设计说明】

该题选择中国共产党"一大"会议召开这一中国历史上开天辟地的大事件，详细介绍"一大"会议的相关知识，丰富学生的历史视野，使学生初步深刻理解中国共产党的领导地位的确立是历史和人民的选择，理解党的先进性，达成作业设计的第一个层次要求，培养学生的学科知识素养。

　　单元作业作为一种学习成果反馈，能够有效接续教学环节的下游链条，以此作为巩固、提升学生所学内容的最重要途径之一。同时，单元作业是创新培养模式、灵活带动学生积极性的有力手段，良好的作业设计能够密切师生教学互动，培育学生的关键能力与基础素养。单元作业设计顺应着新时代国家教育发展的趋势，面对当下考核体系存在的问题，从方法论层面来探讨设计路径能够有效提升高中思政课单元作业的科学性、合理性和规范性。

　　基于对理念和实践的深度把握，本章提出了单元作业设计的一般原则和满足可操作化的实践方法。一般原则方法要坚持四个驱动，即理念驱动、课标驱动、实践驱动和学生驱动。为实现一般原则的可操作化，单元作业要注重实现价值提升并依托课标纲要优化评价体系，在有效利用政策资源的情况下实现因地制宜，在落实作业的过程中不断进行创新。

　　总体而言，单元作业的设计是力图搭建在理论先导之下立足课标和教育环境所进行的创新型成果反馈机制，方法论指导教育的目的在于不断开发教学互鉴的空间，构建"目标一致、使命一系"的师生共同体。

后 记

单元不仅是组成教材的重要单位,也是构成教学设计的基石,更是教师开展教学的有力抓手。从传统意义上讲,学界一般是从知识构成的角度定位单元的;换言之,单元本质上被理解为一种知识性构成和要素性存在,它发挥的是承上启下的作用。单元不仅具有一般的整体性特征,而且具有分立的要素性特征,它既可以撬动教材的整体性框架,又可以化解为可操作化并易于掌握的课时。由此,单元备受重视。

大中小学思政课一体化的开展和"双新"的推进,不仅将单元作为重要"支点",而且赋予单元新的性质和定位。具有灵活性和聚焦性的单元而非教材,成为新背景下推进大中小学思政课一体化的基本单位。相较于教材和课时而言,单元从联动教材和课时的战术性存在成为撬动大中小学思政课一体化和双新的战略性存在,其独立性、整合性和联通性更加凸显,成为大中小学思政课一体化推进的可操作化单位。正是在这个意义上,我们以高中思想政治学科为考察对象,从该学科自身禀赋出发,对其单元设计进行了学术化的理论研究。

本书不仅是集体智慧的结晶,更是高等教育工作者与基础教育工作者合作的成果。全书由宋道雷、杨鹏和庄坚恳共同制定总体写作框架和要目,最后由宋道雷、杨鹏负责全书的统稿工作。各章节撰写工作如下:宋道雷、钱思恩,第一章;谭金欣、宋道雷,第二章;朱忠壹,第三章;庄坚恳,第四章、第五章;于世润,第六章;张雪,第七章。

本书作为上海市和杨浦区"双新"建设的阶段性成果,受到上海市教委王平主任、闵辉副书记,杨浦区教育局卜健局长、何劲松书记,以及杨浦区教育学院周梅院长、陆卫忠副院长的高度重视。作为一个精诚合作的团队,我们由衷感谢数十年如一日深耕基础教育的杨鹏老师,杨老师对本书的组织和撰写工作作出了不可替代的贡献。感谢为我们的撰写工作提供素材的各位高中老师,正是他们的优秀教案与设计作品,为我们的研究增色。我们由衷感谢复旦大学出版社的刘月主任和朱枫老师,如果没有两位老师的指导和鞭策,该书付梓的时间还要拖后。最后,我们由衷感谢学界同仁,在该书的撰写过程中,我们博采众家,参阅、引用了学界同仁的大量著作和论文,特向学界同仁致以最高的谢意。我们严守学术规范,然而,难免百密一疏,书中内容和观点肯定存在不足之处,尚有许多方面亟待改进。

姑作抛砖之作,就教大方之家。任何的有益建议,我们将衷心地欢迎。

撰写团队

2022 年 7 月

于复旦大学光华楼

图书在版编目(CIP)数据

"双新"背景下高中思想政治学科单元设计指南/宋道雷等著.—上海:复旦大学出版社,
2022.9
ISBN 978-7-309-16309-4

Ⅰ.①双… Ⅱ.①宋… Ⅲ.①政治课-教学设计-高中-指南 Ⅳ.①G633.202-62

中国版本图书馆 CIP 数据核字(2022)第 125196 号

"双新"背景下高中思想政治学科单元设计指南
"Shuangxin" Beijingxia Gaozhong Sixiang Zhengzhi Xueke Danyuan Sheji Zhinan
宋道雷　庄坚俍　朱忠壹 等 著
责任编辑/朱　枫

复旦大学出版社有限公司出版发行
上海市国权路 579 号　邮编:200433
网址: fupnet@ fudanpress.com　http://www.fudanpress.com
门市零售: 86-21-65102580　　团体订购: 86-21-65104505
出版部电话: 86-21-65642845
上海盛通时代印刷有限公司

开本 787×1092　1/16　印张 10.5　字数 171 千
2022 年 9 月第 1 版
2022 年 9 月第 1 版第 1 次印刷

ISBN 978-7-309-16309-4/G·2387
定价: 52.00 元